I0112048

Alexandra Mas

Historias que son

son

¡De Madre!

Publicado por
D'Har Services
P.O. Box 290
Yelm, Wa 98597
www.dharservices.com
info@dharservices.com
webmaster@dharservices.com
dharservices@gmail.com

Carátula© Xiomara García
 Art Dt: 270198525

ISBN-13:978-1-939948-06-9

A:

Mis dos soles cotidianos, Pablo y Mario, por regalarme la experiencia de ser Madre.

Mi madre Cruz, quien me dio lo justo para ser quien soy.

Al aspecto madre en toda mujer.

Índice

Las historias en este libro están narradas desde la perspectiva de las consultantes, no de la autora. Como tal, la narración puede lucir desorganizada o desenfocada, sin embargo, estas son características esenciales, que nos ayudan a entender el momento psicológico en que se encuentran; al momento de buscar ayuda para crecer y cambiar.

● ● ●

Agradecimientos

A mi esposo, Oscar Mas:
Gracias por llegar puntual a nuestra cita de
crecimiento y transformación mutua.

A Julio Bevione:
Entraste en mi vida como una tormenta, ¡a
mostrarme mis alas!

A Dr. Vivian Pazos
Tu aliciente me sirvió de inspiración (y para
saber que mi libro estaba "past due")

A las mujeres valientes que abrieron sus
corazones para compartir sus
Historias que son... ¡De Madre!
Gracias a ustedes muchas personas tendrán la
oportunidad de entender sus propias dinámicas
para poder ayudarse.

A ti que estás leyendo este libro,
mi agradecimiento y una petición:
envíales bendiciones a las protagonistas de
estas historias. Aunque sus nombres están
cambiados para proteger sus identidades,
ellas las recibirán.

El Sistema de Contabilidad del Universo es Perfecto...

• • •
IX

Alexandra Mas

Estudió Humanidades, Drama, Lenguas Modernas y Traducción, en la Universidad de Puerto Rico su país natal.

En la Isla del Encanto se desempeñó como actriz, modelo, crítico de espectáculos, reportera de prensa y conductora de sendos programas de radio y TV. Hizo teatro, telenovelas, comerciales, voces publicitarias y una columna de opinión en la revista "Artistas". Fue destacada como la primera mujer puertorriqueña en desempeñarse en los tres medios de comunicación (radio,

• • •

prensa y televisión), simultáneamente y de manera exitosa.

En Madrid, España, amplió sus estudios con un post-grado en actuación para cine. También realizó corto-metrajes, doblajes y trabajó en un programa de variedades en TVE.

En 1994 se trasladó a los Estados Unidos con sus dos hijos.

En Miami, Florida, obtuvo una Maestría en **Terapia de Pareja y Familia**, en la Carlos Albizu University.

Más adelante estudió **Hipnoterapia** en la Escuela de Artes Místicas y Filosóficas Santiago Aranegui, ahora dicta anualmente las clases de psicología para hipnoterapeutas.

Por su preparación en psicología y su experiencia como comunicadora, es invitada consuetudinaria a diversos programas de **Radio y TV**, para dar su opinión experta sobre temas psicológicos.

(https://www.youtube.com/=Alexandra+Mas+habla)

En la actualidad, **Alexandra Mas** conduce el programa de crecimiento personal y motivación "QUERER ES PODER", que se transmite todos los días a las 3:00 pm y se repite a las 8:00 pm (hora del este), en el canal 153 de Sirius XM (http://www.siriusxm.com). Además colabora con el **"OM Times Magazine"**.

(http://editions.omtimes.com/magazine)

La **Lic. Alexandra Mas** utiliza las técnicas de la **Terapia Sistémica, la Psicogenealogía** y la **Bioneuroemoción**, (entre otros enfoques) con gran efectividad. **Motivadora** por excelencia, se ha dedicado a transformar vidas desde su consultorio, vía Skype, a través de la radio, y por medio de **charlas, talleres y seminarios** entre los cuales destacan los de **Constelaciones Familiares.**

Actualmente está felizmente casada. y vive además con su madre y su hijo menor, aun soltero.

Para leer sus "tweets" motivacionales síguela en:
Twitter @Alexandra Mas
Facebook /Alexandra Mas
www.masporlafamilia.com

Prólogo

La relación con nuestros padres no concluye con ellos, en la experiencia física con quienes encarnaron ese rol. Sino que es una relación continua que iremos recreando con las personas, trabajos, proyectos y experiencias de vida que se nos vayan presentando. En la relación con ellos está las llaves que abrirán o cerraran las puertas de nuestra vida. Como no somos tan conscientes de ello, es que a veces postergamos los conflictos que hayamos tenido creyendo que el enojo o la distancia podrán ayudarnos a superarlos. Y nada más lejos de eso.

Pero de nuestros progenitores, las madres llevan el rol de más impacto, ya que en su misma energía nos hemos gestado creando una relación que ninguna forma de olvido o negación podrá borrar. Por eso, cuando alguien llega a mi vida no falta la pregunta ¿Cómo te llevas con tu madre? De esa respuesta podré entender lo que siga...

Este, que es el gran desafío de todos quienes hemos llegado al mundo, no siempre viene acompañado de una guía para superarlo con éxito. Así como escuchamos "nadie nos enseña a ser padres", también podríamos quejarnos que nadie nos explicó cómo ser hijos. Pero esa excusa perderá fuerzas cuando termines de aprender, reflexionar e inspirarte en estas páginas.

Y para un gran desafío, una gran psicoterapeuta.

Alexandra Mas es la persona indicada para hacerlo. No siempre nos encontramos con una buena psicoterapeuta que también haya alcanzado un elevado desarrollo humano capaz de darnos una visión real, posible y profunda de una situación. Por eso puedo asegurarte que éste no es un libro más, ni tampoco Alexandra es sólo una autora. En las próximas páginas podrás sentirte cada una de las consultantes y recibir el mensaje de Alexandra como si la tuvieras en tu oído hablándote con paciencia, compasión y certeza. Como una madre dispuesta a reconectarnos con el amor más grande que podemos experimentar en nuestra experiencia humana.

Julio Bevione
New York, agosto 2013

Introducción

La premisa de este libro es que una madre nunca puede dañar un hijo.

Cierto es que algunas progenitoras son ¡De Madre! Pero, como ostentadores de libre albedrio mi invitación es a aceptar responsabilidad de la madre que tenemos, pues en algún nivel la hemos elegido.

Nuestra madre es nuestro primer espejo y la mejor maestra para incorporar aquella lección que aún no hemos logrado aprender.

Madres: tenemos la enorme responsabilidad de engendrar y nutrir vida. Ejerzamos la maternidad en consciencia, pues de nuestras acciones e inacciones depende la felicidad o infelicidad con que será impregnada esa vida.

Independientemente de que seas madre, has nacido de una... así pues, lee sin juicio... ¡más si con reverencia!

-I-

"¡De Madre!",
Mirta (51)

Mi premisa en la vida ha sido siempre ser feliz. Sin embargo desde que me acuerdo, tengo memorias dolorosas. "La vida no es ni para los cobardes ni para los deprimidos", me decía a mí misma como para alentarme a seguir adelante. Pero hizo falta años para juntar el valor de sacar a mi madre de mi vida, e indefectiblemente me deprimí... esta es mi historia.

Tuve dos abuelos maravillosos que me hacían sentir querida y especial. Mi abuela apenas sabía leer y escribir; pero me dio todo lo que podía. Ambos me dejaron muy pronto. Mi abuelo se me fue cuando yo tenía 14 años. Poco después mi abuela perdió la mente. Menos mal que Dios me la mantuvo viva 3 años más, porque si se la llevaba de pronto, me moría. Nunca pensé mal de mi madre hasta que mi abuela murió. En ese momento, me di cuenta del monstro que ella era.

Un monstruo escoge otro peor para tratar de lucir bien; ese era mi padre. Nunca me dio nada, pero si por alguna casualidad él tenía para conmigo un gesto amable ella me decía: "No pienses que te quiere; es que está mal de la cabeza". Cuando fui a la escuela conocí otras familias. Gracias a Dios; eso me separó aunque fuera por unas horas de aquella mujer tan tóxica.

Toda la vida, mi madre torturó a todos. Me repetía constantemente que yo era la culpable de su desgracia... ¿Qué desgracia? ¿A qué se refería? Tenía un goce especial también al decirme que mi padre era un hijo de puta... Antes, me dolía, supongo que por lo que eso podía reflejar en mí... ¡Ni sé!

A mis abuelos, que eran dos ángeles caídos del cielo, les decía tantas barbaridades... Sin embargo nunca oí a mis abuelos hablar mal de mi madre o renegar de ella. No se apiadó de mi abuela en su agonía, es más, creo que le dio veneno... Y a su padre literalmente lo mató de un disgusto. Harto ya de tanto insulto, un día agarró un palo para pegarle a mi madre por la cabeza. Se refrenó; pero al día siguiente murió de un infarto masivo.

¡Cuán lejos estaba yo entonces de saber que todavía le iba a aguantar muchos años más de injurias y malos tratos!

Por cierto, no sé si era lesbiana. Cuando se divorció de mi padre andaba con una mujer que nunca se casó. Una vez me dijo: "¿Sabes lo que me ha dicho tu padre? ¡Que mi amiga y yo somos amantes!". Ese fin de semana me llevó a un hotel, me presentó una mujer y me dejó ahí con ella. Cuando vi que no regresaba, me fui, aunque la mujer insistió en que me quedara y tomara un trago con ella. ¡Yo tenía solo 17 años! Tiempo después caí en la cuenta; buscaba implicarme con mi padre para limpiarse ella; esa era mi madre.

Cuando me casé decía que mi marido era un asqueroso. Le tiraba cosas. Mi pobre marido, ¡él que es un pan! Luego nació mi hija, ¡cuánta felicidad! Un día de esos que uno tiene, le agradecí que me diera la vida, porque eso me dio la oportunidad de ser madre. No me miró ni me dijo nada... no me di por aludida, estaba tan feliz, que solo podía pensar en mi hija.

Ilusionada salía del trabajo en una sola carrera a darle el pecho. Un día llego... y la niña no tenía hambre. ¡Ella le había dado de comer! Le pregunté por qué había hecho eso, si en vez no había podido darle agua, sabiendo que yo ya estaba por llegar. Me gritó en tono amenazante: "¡A mí no me digas lo que tengo que hacer!" Con el dolor de mi alma y de mis pechos, me pasó por la mente tirarme delante de un autobús... Dejé de darle pecho a la niña.

Al tiempo se nos dio la oportunidad de venir a este país... Para mí era impensable dejar sola a mi madre; era como... darle la espalda. Así que la trajimos con nosotros cuando vinimos.

En nuestro país nunca pudo hablar mal de mí porque todos me conocían. Pero aquí, noté que nuestros amigos comenzaron a hacerme rechazo. Hasta ella misma hacía gestos de asco cuando me veía...

Un día se empieza a desaparecer la correspondencia. Fuimos al correo a ver qué pasaba e hicimos la denuncia de un señor que nos pareció sospechoso... Nos pusimos al acecho y la sorprendí. Creí que me iba a volver loca... ¡Jamás pensé algo así! ¿Cómo podía ser tan maquiavélica? Empecé a esconderme de ella. En mi propia casa, ¡pasaba la vida en mi cuarto! Hasta que me compré un apartamento en la playa; ¡que feliz me sentí! A la segunda vez que me fui de fin de semana, cuando llegué, había regado mierda por todo el piso...

Al borde de la desesperación, me puse de rodillas para pedirle perdón. No sabía lo que de tan horrible le había hecho yo para que me tratara tan mal, cuando mi vida era un constante y vano esfuerzo por agradarla, porque me quisiera... ¡Me dijo que dejara de torturarla! Porque estaba mal del corazón... Después de eso duró 20 años más...

Lo de la mierda ocurrió varias veces. No sé si la guardaba o cómo hacia... Hace poco me dijo mi hija que siendo ella adolescente me vio tan cansada un día que ni me dijo nada... limpió ella sola la mierda porque le daba pena conmigo. Mi hija no sabía nada de lo que yo había vivido con mi madre...

Luego le diagnosticaron cáncer de vejiga y tuvo dos operaciones. Tras la primera, estaba esperando el momento para caerme encima. Siempre he sido muy intuitiva. Iba saliendo en la silla de ruedas y trató de pegarme. El salto que pegué para esquivarla fue tan fuerte que me hice un esguince de tobillo derecho y me rompí el izquierdo. Después estaba yo también en silla de ruedas... Y me deprimí, claro; lloraba todo el tiempo. Mi hija me preguntaba: "¿Qué te pasa?" Y yo tan boba le respondía: "Nada". Estas cosas nadie las sabía; no fue sino hasta mucho tiempo después que las conté.

* * *

Sin embargo yo a mí misma me decía que no tenía por qué estar así. Para entonces mi hija acababa de entrar a la universidad, yo tenía un marido maravilloso, un hogar... a mi forma me consolé... y cuando la dieron de alta volví a llevarla a la casa. Entonces me daba un beso mojado todos los días... Yo en silla de ruedas fregando y planchando y ella sin mover un dedo. Un día me espetó a la cara: "¿Por qué siempre piensas en tu marido y no en tu madre? Entonces entendí; lo que siente es envidia, ¡por eso me agrede! Sentí tanto asco en el corazón...

Después de la segunda operación se ve que le dijo al enfermero que yo era mala hija, que la maltrataba. Él se dio cuenta y la contradijo. Lo oí porque en ese momento iba entrando a la habitación. Como si nada, se vuelve y me dice: "Ven, siéntate aquí". Yo hago como si no hubiera escuchado nada, para evitar, y voy hacia ella. Cuando me tuvo de frente disparó: "Conmigo siempre has sido una abusadora, ¡y ahora estas abusando de mí!" Por primera vez la encaré y lo que me salió, salió del fondo de mis entrañas... "Me voy al carajo, ¡y mira a ver quién te atiende, porque yo contigo terminé!" Mi marido, que venía tras de mí, la puso como un bombín. Nunca lo vi así.

"Hay que seguir", me dije, "no se puede parar". Ese día la dejé de querer.

Nunca había ido a un psicólogo y fui a uno. No era mala persona, pero en la tercera visita me dijo: ¿Cómo has podido vivir con una madre así? Supe que no me iba a poder ayudar. Le cogí odio a la psicología y a los psicólogos... hasta ahora.

Cuando la dieron de alta, allá estaba yo nuevamente. ¿Seré mongólica? me preguntaba. "¡Siempre he logrado que la gente haga lo que yo quiero!", dijo ella con una sonrisa triunfante. Pensé para mis adentros: "La enfrenté mientras estuve loca; ya me volví cuerda, así que ¡nunca más!" Por supuesto que todo volvió a ser igual...

Cuando cumplí los 50 años me preguntó mi marido: "¿Por qué no acabas de sacarla de la casa?" "¿Crees que pueda?", pregunté.

Respondió: "¡Claro que sí!". Le alquilé un estudio lindísimo que daba a un lago. Para mi sorpresa, ¡accedió a marcharse! Le puse una señora para que la cuidara porque sabía que ya no había vuelta atrás.

El día que la saqué de mi casa, ¡que tranquilidad sentí! Sin embargo en mi mente, me torturaba. ¿Cómo yo que era tan fuerte, fui la abusada? ¿Por qué yo, la sufrida, actuaba tan alegre? ¿Para qué permití que ella me hiciera todo esto?

A los pocos días me llaman para informarme que se había caído y la habían llevado al hospital. Luego supe que me iban a denunciar por daños a la propiedad. Me dijeron que fuera a ver. Ya sabía lo que había que ver y no podía enfrentarme a eso más. Pagué para que limpiaran la cagazón... Mi madre me mató la vida. ¡Fue una puerca!

Odio nunca le tuve. Pero sacándome el fardo de mi corazón, nunca entendí por qué al menos no me pudo tratar con humanidad, y siempre le daba una nueva oportunidad para hacerlo...

Murió en hospicio un año después.

No sé por qué me debatí entre sí ir o no a su entierro. "Si te vas a sentir con cargo de conciencia, ve. Si no, no vayas", dijo mi esposo.

No me sentí con cargo de consciencia.

Mirta parte de una premisa irreal para vivir su vida; por eso siente que no puede más, que ha llegado al límite de sus fuerzas. Es obvio; ¡no puede vivir a la altura de lo que predica! ¿Cómo se puede vivir con creencias como: "Mi premisa en la vida ha sido siempre ser feliz" o "Hay que seguir, no se puede parar"? Si la felicidad es la meta, vendrá con su cuota de infelicidad pues son dos caras de la misma moneda. En ese sube y baja emocional ¡claro que no habrá pausa! La consciencia es la paz.

Lo que Mirta desconoce es que lleva un programa que no es suyo. ¿Cómo saberlo? Porque desde que se acuerda tiene "memorias dolorosas"; eso apunta a una herencia transgeneracional de dolor.

Como en este caso desconocemos más allá de la tercera generación, hay que observar atentamente a la abuela. Probablemente tuvo esta hija de manera indeseada (o del sexo contrario al que esperaba) y de alguna forma la veía con perplejidad, como un producto fallido, como un monstruo. Todo hijo tiene como objetivo primordial el obedecer a sus padres. Si esta es la visión que tiene la madre, el mandato inconsciente es a manifestar esa visión. Una

Historias que son ¡De Madre!

visión positiva del hijo es lo que se conoce como la bendición, pero en este caso, se trata claramente de una maldición. Mirta se coloca en la polaridad de su madre justamente para reparar esto. Procura redimir a su madre al querer demostrar más allá de toda duda, que su madre es buena puesto que ella, su producto, es buena. Como es un mecanismo inconsciente, se hunde en la negación del rechazo y el desprecio de la madre y, como autómata, acepta lo inaceptable. Esto le causa un conflicto, lo que drena su energía diariamente y como mujer maltratada, cada día le es más difícil salir de la situación de abuso...

Como arquetípicamente se toma el alimento de la madre, Mirta permanece unida a su progenitora esperando recibirlo, pero solo recibe toxicidad. Su gran dilema es que, como adulta sabe que nunca va a recibir de su madre lo que su niña interior inocentemente espera. Por eso se desvaloriza y se comporta de manera indecisa; le falta determinación a la hora de pasar a la acción, o de cambiar de dirección. Cuando finalmente inicia el movimiento hacia la independencia, en un acto de máxima incoherencia, lleva a la madre consigo.

• • •

28

Ahora el depredador está dentro de su territorio y el águila le come el hígado a Prometeo día tras día...

Uno de los instrumentos que usa la madre de Mirta para torturarla sistemáticamente es el progenitor. No toma responsabilidad de que lo escoge y se deja preñar; solo resiente que le ha cambiado la vida. Detesta a su hija entre otras razones, porque es el resultado de aquella relación para olvidar; el producto de aquel hombre a quien desprecia. Ahora tiene un chivo expiatorio para cargar con todo lo que en su vida fue mal. Por eso no la soporta y mucho menos verla feliz; sea con su marido o con su hija. Esto le recuerda su propia infelicidad y más se ensaña contra ella...

Queda claro que esta señora nunca quiso a su hija. Sé que esta afirmación resulta chocante para los que idealizan el amor de madre, pero parir no lo hace madre a una mujer, así como donar semen no hace padre a un hombre. Lo que quiero destacar es que una persona que no se ama a si misma tampoco puede amar a nadie. ¡Por eso para Mirta es crucial el momento que atraviesa!

Como Mirta entra en negación de su depresión se le convierte en obsesión, lo que *junto al deseo de agradar a su madre más allá de toda lógica, la pone al límite de la locura... en ese momento llega al consultorio. Es importante notar que ella ya buscó ayuda psicológica, pero encontró a alguien que a su vez necesitaba ayuda, puesto que se identificó con su dolor y fue incapaz de darle el servicio que ella necesitaba. Tener un diploma en la pared o una licencia de práctica no implica que el psicólogo, analista o psicoterapeuta esté capacitado, ni mucho menos que sea el indicado para un consultante dado. Nuestra profesión tiene una particularidad y es que el que no hace bien, puede hacer daño, por la naturaleza íntima de la relación terapéutica.*

Queda en el tintero una interrogante: ¿era homosexual la madre de Mirta? ¿La reprimieron por su inclinación o preferencia? ¿Se reprimió ella a si misma por los convencionalismos sociales y en su frustración se vengó de todos los que juzgaba responsables? Puede que sí, puede que no. En cualquier caso, este no es el tema de discusión. La función paterna no debe estar supeditada a la preferencia ni a la satisfacción sexual.

Ahora bien, la pregunta a la que la consultante se enfrenta es: ¿Abandona un hijo a su madre? Para Mirta esto no es una opción durante demasiado tiempo en su vida, por una decisión infantil de demostrar que ella no es como su madre y aparte, demostrarle a su madre que ella es una buena hija. ¡A todo hijo le gustaría saber que fue el hijo que sus padres soñaron!

Tomamos la encarnación a través de unos padres con cuyas almas tenemos afinidad vibratoria. El que manifiesta su ignorancia de esta verdad como inconformismo, puede caer en la trampa de diferenciarse creándose así la ilusión de distanciarse de los padres. Pero lo que más nos molesta de ellos resuena en nosotros, y reprimido o negado se convierte en parte de nuestra sombra. Se trata de energía mal calificada que busca resolución. Es el Frankenstein, el Mr. Hyde o "el mal genio" que tenemos que aceptar e integrar para tener disponible la energía que amarramos allí para poder tener atado a ese "monstruo" que habremos creado. Cuando se le da luz a nuestro lado oscuro todo en la vida se ilumina. Dejamos de trabajar en el sentido de la corrección y empezamos a fluir con la vida. Para los que aún tienen la creencia en el karma, partamos de la premisa que karma es todo lo que nos queda por aprender, que cuando estamos preparados, se presenta; ni más, ni menos.

• • •

Mirta hace bien en dejar a su madre; el problema es que no la soltó... Llega al consultorio porque sabe que si no la suelta, indefectiblemente repetirá la historia de infelicidad y maternidad frustrada, solo que en versión moderna. A una madre que se comporta así hay que dejarla. No abandonarla, pero tampoco cargarla. Amarla desde el corazón pero dejarla en el aspecto externo de la interacción diaria. Cortar sus tentáculos para prevenirle hacer más daño. Sin drama y sin culpa. No todas las madres son buenas, ni todas las madres aman a sus hijos.

"Lo que queda de mí ayer, es mi verdugo hoy."

Deepak Chopra

Protocolo de acción para Mirta:

1. *Entiende que, como alma, elegiste esta madre para recordarte no faltarte el respeto a ti misma. Una lección fuerte, que evidentemente no pasaste en un episodio de vida previa.*
2. *Siente compasión por tu madre y perdónala; ese es el inicio del camino hacia la cura.*
3. *Toma responsabilidad personal y acepta que en el fondo tu madre no fue mala, al contrario, te apoyó en la lección que más necesitabas incorporar; la de amarte. Deja de actuar por un falso concepto de amor, que es solo falta de amor a ti misma.*
4. *Perdónate a ti misma por haber querido tanto a tu madre y tan poco a ti misma.*
5. *Como tu madre está ya está detrás del velo, manuscríbele una carta, guárdala hasta el día siguiente, léela en voz alta*

(como si tuvieras a tu madre en frente) y acto seguido quémala. Haz el ejercicio de la manera más deliberada y el fuego como un ceremonial. Una vez exteriorices tus emociones desarmonizadas te habrás liberado de ellas para siempre. Te darás cuenta que, en el fondo, no había nada que perdonar...

6. *Honra a tu madre, quien como espejo te mostró su falta de amor hacia ti misma.*

7. *Amate y disfruta de ti... ¡tienes tanto mérito!*

8. *Reconoce la amargura que irradiaste todos estos años y conscientemente empieza a irradiar amor a todo y a todos.*

9. *Comienza un diario de agradecimiento y cuenta tus bendiciones cada día.*

10. *Permítete toda la felicidad que hasta ahora te has negado porque ¡la mereces!*

-II-

"El reflejo del espejo", Ximena (37)

Tengo insomnio y cansancio crónico. Llevo 23 años sin dormir; desde los 14 años.

Mi papá era alcohólico; neurótico y abusador. Llegaba a casa entre 11:00 pm y 1:00 am. Para mí era como que entraba el demonio porque llegaba a golpear a mi mamá; ¡la medio mataba! Yo no la podía salvar porque a él le tenía miedo.

Recuerdo que un día al subir al coche, la agarró del pelo. Le estrelló la cara contra el parabrisas. Estaba embarazada de mi hermana menor, quien hasta el día de hoy es una mujer muy señalada. Mi hermana mayor se fue a vivir con mis abuelitos porque mi abuela se sentía sola; se salvó. Esa me rechazó desde que nací, y no me hablaba.

Nos corrían de todas las casas, ¡las perdíamos! Mi abuelito pobrecito, nos recibía. Hasta un día en que echó a mi papa de la casa. ¡Si no llega a ser por eso mi mamá no lo deja! Fue un tiempo aciago porque ella nunca había trabajado ni estudiado. Mi hermana mayor fue la que ocupó el lugar de proveedora. Es mal educada y ordinaria, pero bueno, hay que reconocer que no se iba de vacaciones y compartía su dinero con la familia.

La que me sigue está casada muy felizmente con otro disfuncional absoluto que no estudió nada. Sus títulos son: ex-alcohólico y ex-adicto. No sabemos por qué es feliz en su co-dependencia del marido. No tiene plata, no tiene ropa... ¡no tiene nada! y es muy feliz. Sus hijos son dos errores. No sé por qué toda la familia la maltratamos y la odiamos como odiamos al marido. Los mantenemos a los cuatro. Es mi hermana favorita pero no habla, no expresa. Siento que obligué a mi mamá a quererla. Le dije: "A mí no me quieras, quiérela a ella, que está allá... Pero nunca la quiso... Le tengo ternura y lástima. Trato de ayudarla pero no quiere tomar la ayuda por ego. Un día le dije: "Siento que estés con esa persona. Siento tu baja autoestima. Siento que no quieras crecer. Me da coraje que no recibas mi atención. ¡Me duele no ser importante para ti!"

Mi hermano, el único varón, es el amor de todas. Tiene 2 licenciaturas, es artista. Antes era el más enfermo; neurótico y agresivo. Bueno, sigue siendo súper neurótico pero ama a todos. Mis hermanas lo tratan con temor, pues no saben lo que lo puede detonar.

Y yo, soy el control de calidad de la familia.

Crecí en la religión, con un gran conflicto con el pecado. Tuve sexo pero no lo disfruté. Después de casada he tenido relaciones de solo sexo y es maravilloso. Mi marido está bajo de testosterona y es un amante incompetente. He llegado a la conclusión de que no quemé mi etapa sexual; no la viví. Cuando me casé, él no sabía nada. En ese momento, no era muy religioso, después sí. Mi matrimonio se resume en 3 meses súper wow y 10 años esperando...

Llevaba 20 años fuera de mi país y fui 2 meses de vacación. Yo estaba muy ilusionada... creo que los había idealizado a todos... Mi hermana mayor no me habló por teléfono ni vino a conocer a su sobrino. Como siempre tan desamorada y me cae de la patada. Un día le dije: "Reconozco el cariño y la preocupación que le has tenido a mi mamá, pero me choca que seas tan malagradecida. Ahora está casada con un maltratador.

Mami aprovechaba cualquier ocasión para escabullirse, y cuando se quedaba, estaba ausente... Antes de regresarme la enfrenté. "Puedo entender que no me quieras, pero a mi hijo, ¿por qué no lo quieres?" "¡Tu hijo es un malcriado!", respondió. "¿Porque dice que "no"? ¡Lo que pasa es que sabe poner límites!" Pensé: "¡La vieja esta no me quiere!" "¿Sabes qué, madre? Hice mi parte y fallaste. Parece que aquí soy yo la única que acepta sus cosas". Ella ripostó como si nada: "Tienes razón." Se dio media vuelta y se fue. Me divorcié de ella. ¡Ahora entiendo por qué durante todos estos años nunca me llamó! Tenía que haber captado el mensaje cuando hace unos años le pregunté: "¿Te mando el boleto para venir? Y muy fresca me respondió: "No, mejor mándamelo para ir a Las Vegas". Lloré. Me fui a una psicóloga que me dijo: "Ella es la víctima y tú eres la mala porque, intentando defenderla, te peleas con todos." ¡Ahora entiendo!

Esa noche a los dos les escribí sendas cartas.

• • •

Mamá,

Te casaste con un neurótico y un egocéntrico. Me duele que no me hayas defendido y protegido. Lamento que me hayas puesto como papá a quien me pusiste. Nunca entenderé por qué no lo dejaste, o por qué seguiste teniendo hijos. Pero admiro que no te quedaste enrollada, ciclada, como yo... Simple y sencilla seguiste tu vida como si nada y ahora, ¡hasta te echas el trago y te emborrachas!

Me diste lo que pudiste. Siempre en mi cumple me regalaste algo a pesar de todas tus carencias. Se me hacía muy buena onda, ¡pero me da mucho coraje que no hayas dejado antes a mi papá!

*****

Papá,

Mi queridísimo alcohólico-agresivo, me caes pésimo. Me repatea tu ego. No sé cómo haces para no pedir perdón. Siempre soñé que volvías a decirnos que te habías equivocado por la vida tan mala que nos diste. Me encanta que *seas inteligente y culto, pero me cae muy mal cuando te escucho en tus tribunas. Me fascina la fineza que tienes para tratar la gente que no es tu familia. Gracias; me enseñaste otro mundo cuando viajabas conmigo. Me encanta que no se te quite la chispa, pero me duele mucho que no hayas brillado. Lamento que no pudiste salir del alcoholismo. Siempre creí que te iba a ayudar y no pude... Puedo perdonarte lo flojo y lo irresponsable... ¡Pero no tu alcoholismo!*

*****

Como me salió tan del alma, decidí ir a verlo antes de regresar. Sucede que está internado en un sitio de alcohólicos sin dinero. Es un lugar de muerte, espantoso. Me encontré con que el tipo, que solo tiene 60 años, se mea y se caga desde hace 3... Desde que lo vi, he sufrido mucho porque no puedo ayudarlo...

Desde ese viaje me siento deshabilitada, desenfocada. Sufro de apegos. Todo lo que he estudiado me está valiendo cacahuate porque ¡me está matando el inglés!

Mi marido me agotó; ya no me gusta. Desde hace años quisiera divorciarme. ¡Tengo pánico de no alcanzar la felicidad porque nunca he sido feliz!

Ahora sueño constantemente con un novio que tuve, muy guapo y muy violento del que estuve perdidamente enamorada...

Me he convertido en mi madre... ¡el reflejo del espejo!

Ximena *es una persona emotiva y ansiosa que tiene por delante como tarea aprender a ser sensible sin ser tan emocional.*

Hija de padre alcohólico y madre co-dependiente, vio demasiadas cosas que nadie debe ver, pero que un niño pequeño ciertamente no tiene madurez para comprender ni tiene manera de hacer sentido de ellas.

Niña buena al fin, ama a sus dos padres, por lo que teme por la vida de la madre cada vez que ocurren las golpizas y también teme por su padre, si en efecto llegara a matar a la madre. ¿Qué consecuencias tendría que enfrentar por sus actos? ¿Qué significaría eso para la familia? ¿Y para ella en específico? Preguntas sin respuesta con las que se ve obligada a crecer el hijo de un maltratante, sea o no alcohólico. Además del sinsentido de por qué su padre no ama a su madre y por qué ésta no se ama a si misma lo suficiente como para marcharse, poniendo ambos a sus hijos a riesgo, cuando los padres están allí para cuidar y proteger a sus hijos...

Sus primeros modelos de rol de lo que son un hombre y una mujer, y de lo que es a su vez una pareja son terroríficos. De manera que, en el fondo, ella se asegurara de no convertirse plenamente en mujer, lo que le prevendría de la posibilidad de "convertirse en su madre" y la protegería de atraer un hombre como su padre.

Esta es la razón por la que Ximena no tiene una relación feliz. No se casó por amor, sino que eligió pareja en base a lo que no quería. Al casarse con alguien distinto de su padre confirma que ella no es como su madre, por eso se horroriza al darse cuenta que ha caído en lo mismo. Así, permite el maltrato de su marido. No un maltrato activo, por comisión, sino pasivo, por omisión. Del hombre se espera la provisión; sexo y sustento (esto es biológico). El padre probablemente proveía sexo, más no sustento. El marido de Ximena no provee sexo, pero si cierta estabilidad económica que le permite mostrarse buena, ayudando a la familia de origen.

Ximena ama a su familia de origen, pero su apego inseguro la hace comportarse de un modo ambivalente. El mismo amor-odio que modelaron sus padres es el que marca la relación con los miembros de su familia. Proyecta en sus hermanos las partes negadas de sí. Lo que tiene que ver en sus hermanos (sobre todo en su hermana "favorita") es la propia infelicidad marital en que vive. Al colocarse como "el control de calidad" de la familia se impide ver su tarea pendiente; aún no ha roto ni el patrón de maltrato ni el de co-dependencia.

Su miedo a la escasez la mantiene en una relación de desamor, reflejo del que siente por sí misma.

Lo que a primera vista luce como deshonestidad e infidelidad en su comportamiento es un mecanismo de escape, por lo que así no va a resolver el problema. No se divorcia entre otras razones, para diferenciarse del comportamiento de sus padres. Ha decidido que el padre de su hijo sea su tabla de salvación, porque por un tema de ego, se rehúsa a pedir ayuda. Y si cuando por fin se decide a pedirla no la recibe, se siente todavía más inmovilizada y sus síntomas empeoran, con lo cual permanece exactamente en el mismo lugar.

Como Ximena ha sido una huérfana emocional y sus padres aún no han muerto, reclama de ellos que algún día se comporten como ella entiende que han de comportarse los padres, con lo cual persiste en su comportamiento infantil. Esto es típico de los hijos de alcohólicos (sobre todo de tipo agresivo) pues no se dan permiso para crecer hasta que ese mal modelo adulto se pare frente a ellos, acepte sus errores y pida perdón; cosa que habitualmente no ocurre... Ximena pasa entonces al estadío de su imaginación, y re-crea padre y madre.

Su "padre", arquetipo del hombre primordial para ella, se transforma en el "hombre de sus sueños". Hombre que, obviamente, no va a llegar a rescatarla de su miseria para ser felices para siempre. Con la madre tiene un reto por delante aun mayor y es que aparentemente ella superó sus años de codependencia y maltrato (sin tampoco excusarse ni pedir perdón). Ximena no entiende cómo si era capaz de hacerlo no lo hizo antes, y así, de ser el padre el malo de la película y la madre la víctima inocente, la madre se convierte en la villana que les hizo pasar a ella y a sus hermanos, años de sufrimiento y vergüenza... Por la falta de aceptación de su madre descubre un día con horror que la madre que ha re-creado para sí, es ella misma, incapaz de rescatarla de si, y termina hundida en la desesperación...

El conflicto programante del insomnio de Ximena está en que el padre llegaba a maltratar a su madre "a la hora de dormir", por lo que la noche se convierte en peligrosa. La acción correcta es pues, permanecer en vigilia... Pero claro, se supone que la amenaza ante un peligro se solucione en algún momento y como aquello nunca se resolvió, la tensión sostenida del estado de alerta se ha convertido en fatiga crónica...

Aunque Ximena dice que está paralizada por el inglés, lo que la mantiene paralizada es más bien su auto-compasión y la preocupación: pasado y futuro. Como ansiosa prototípica, ha bloqueado la capacidad de vivir el momento presente. Habla incesantemente de su pasado, gasta su tiempo al acecho de señales que comprueben que tiene razón para preocuparse... y por supuesto, las encuentra. La razón por la que se preocupa tanto es porque su foco delirante es que algo malo va a pasar.

Por otra parte, la incapacidad para aprender cualquier materia apunta una actitud de sabelotodo. Cuando uno se las sabe todas... ¿Qué es lo que tiene que aprender?

Ximena está en un buen momento para comenzar su proceso de sanación puesto que ha comenzado a hacer sentido de pasadas oportunidades para crecer y además está en una actitud de aceptación de su apego a lo material; este es el comienzo de la curación.

"Aprendí que sin importar la relación que tengas con tus padres, los extrañarás cuando ya no estén en tu vida."

Maya Angelou

Protocolo de acción para Ximena:

1. *Reconoce que tus pensamientos llenos de preocupación y temor, te bloquean y consumen tu energía.*

2. *Enfrenta con autoridad las voces de tu pasado. Di: "¡Basta, hasta aquí! ¡Hoy reclamo mi presente!"*

3. *Comienza a apreciar todo lo que tienes en tu vida en este momento.*

4. *Dedica un tiempo diariamente a experimentar con todos tus sentidos lo que te resulte agradable a cada instante.*

5. *Concédete el derecho de tener necesidades, explicarlas, pedir ayuda a la persona adecuada y crear una red de apoyo, con la consciencia de que porque se pida algo no tiene que, obligatoriamente ser concedido.*

• • •

6. *Toma consciencia de que no tienes que demostrar nada, solo darte permiso de ser tu misma, con tus errores y cualidades, como todo el mundo.*

7. *Haz una lista de lo que te gustaría hacer: establece al menos una meta concreta a corto plazo, una a mediano plazo y otra a largo plazo.*

8. *Elabora un plan para realizarlo y lleva a cabo una acción concreta cada día para alcanzar tus metas.*

9. *Visualiza cada vez que puedas. incluso en doble actividad. En vez de preocuparte, utiliza tu fértil imaginación para apoyar la visualización de todo y solo lo que deseas.*

10. *De vez en cuando y deliberadamente, déjate ir ante lo desconocido... Confía en que tu intuición sabrá guiarte si le das la oportunidad.*

-III-

"¡Me mató!",
Andrea (56)

Tengo terror a tener cáncer. Me hice la mamografía anual y tengo un quiste en el seno izquierdo. Soy vegetariana y naturista, de manera que me dejé hacer un termograma y un sonograma, pero no una biopsia. Estoy aquí para explorar otras posibilidades...

Me hice un aborto a los 33 años. Estaba soltera, tenía miedo. Era una pareja casual. Yo hubiera querido, pero él era un mujeriego... ¡Bellísimo! Desde que tengo uso de razón mi madre me repetía lo que es un buen partido y él no lo era. Cuando él supo del aborto me increpó: "¿Cómo no me preguntaste? ¡Yo lo podía llegar a querer!" El problema es que me sentí bien... ¡Quién me iba a decir que sería mi única oportunidad! El tema es que vivía con mis padres todavía; ¡no era libre! Mi madre fiscalizaba cada movimiento y me controlaba totalmente. No porque me quisiera tanto, sino porque le interesaba la plata que aportaba a la casa. Mi mama siempre decía, tanto tenés, tanto valés. Ella dirigía a todo el mundo y nunca movió un dedo...

Yo, por tener miedo de no poder sostenerme sola económicamente, me la banqué hasta que me casé a los 35 años. ¡Ya era una vieja chota! Me dije: "Es hora que me case, me organice y me vaya de mi casa; ¡esta es la persona indicada!" No tuve tiempo de analizar la situación. Su madre no me quería, pero me vino conveniente, porque de una nos vinimos a este país. No me vine atrás del pantalón, pero necesitaba un cambio con mi vieja, el país, ¡qué sé yo! Entonces estaba preparada para tener bebé. Él estaba de acuerdo. Queríamos... pero no se pudo... Hace poco en una carta natal, me salió la casa de los hijos vacía...

Al principio bien; me protegía y quería disfrutar. Pero ahora... el carácter... ¡Muy negativo! Se levanta con cara de orto. Es muy compañero... Buena persona... pero... siempre hubo refriegas... Un mes se fue. Cuando volvió, yo calculadora y fría le dije como nos íbamos a manejar con los gastos: "Vivís en una nube de pedo." Nunca fue organizado y se encontró una obsesiva que le rompía las pelotas. Siempre soy organizada con el dinero; él es muy desprolijo.

A veces me quiero divorciar. "¿Cómo puedo estar todavía con vos?", le digo. ¡Somos el agua y el aceite! Le tiene que pasar algo malo para que esté bien. Una vez estuvo gravemente enfermo. Venía conmigo a yoga, Cábala, Curso de Milagros, Reiki... ¡Cuando empezó a sentirse bien dejó de venir! Tendría que tener un cuidado alimenticio. Se supone que no tome. No soy controladora. "Es tu vida... ¡Cuidáte!", le digo; pero le entra por un oído y le sale por el otro. Cuando estamos enojados, le llamo mi "roommate". Y él ni sí, ni no. Sus prioridades son: el futbol, todo, y después... yo.

Hay cosas que yo ya no me banco... Estamos paralelos. ¡No hay un punto de convergencia! Inclusive, no hay relación sexual... como tal. Con y sin gel me duele; la sensación es tan acuciante que no me puede penetrar. Él me quiere y responde. De vez en cuando pregunta: ¿será normal? Le digo que por la menopausia hay falta de lubricación. Así que cuando tiene que ser, usamos otras maneras; no con penetración.

• • •

El caso es que tengo miedo. Miedo a empezar otra relación, a estar sola, al fracaso, a regresar... Regresar implica mi mamá; "A la casita de mi vieja". Y el "qué dirán"; me agarraría angustia. Encontrarme con toda la familia que quedo en el tiempo, que están igual o peor que cuando me fui. Me quiero matar nada más de pensar en volver a eso de atrás que dejé... ¡porque yo escapé!

Papá fue el amor de mi vida... era un buen padre. Siempre me apoyó, me dio fuerza. Estaba acá; no lo pude ver cuando falleció. Estaba enfermo cuando me fui, pero me hice la fuerte. En una familia de italianos el abandono no se perdona. Sé que dijeron: "Se fue con el macho y dejó al padre"... a lo mejor yo también lo pensé. Él se despidió el mismo día que le dije que me iba; recuerdo su cara de tristeza. En el momento no sentí culpa; sabía que necesitaba un cambio.

Era un tipo callado mi papa... ¡mi mamá habla demasiado! "Yo soy perfecta", dice la guacha, "No hago daño a nadie". La amo porque es mi madre, mi vieja... ¡qué sé yo! Yo ya a ella no la puedo cambiar. Quería, pero... ¡mamá es tremenda! Tardo a veces en llamarla más de un mes... porque con ella la pelea es hasta por teléfono. Dice: "¡Que estoy todavía viva, eh!"

Cuando hablo con ella me entra calor... La hermana que no sirve, el hermano peor, allá no voy porque son unos asquerosos. ¡Habla mal hasta de los amigos! Cuando habla mal me callo. "¿Estás ahí hija?" pregunta. "Si, madre", respondo yo y sigue... Te da y te quita. Te chupa la energía... ¡te la saca! Mi papá al contrario, solucionaba las cosas con tranquilidad... Y verla a ella que si te puede herir, ¡no lo duda!

Había que oír el lenguaje que usaba con nosotros, chicos, y con mi papá... Además, nos pegaba muchísimo; ¡era como una necesidad imperiosa que tenía! No podías hablar, te daba un sopapo o te arrojaba cosas. Nos tiraba zapatillas, cepillos, frascos de remedios... Era sensible a lo mejor con un perro... ¡Y cómo nos destacaba los defectos, mamita! Yo siempre fui velluda y me decía "cucaracha peluda"... Uno va juntando basura...

Me marcaron muchas cosas... el quitarme el bebé... el no tener a mi mama al lado que me acompañara en ese proceso. Hasta hoy no sabe...

Creo que soy el reflejo de mi mamá; ¡soy mi vieja! Un día le di un schiaffo a mi marido porque me mintió... Ella a mi papá no lo quería. Ese casamiento fue porque mi abuela le dijo: "Es buen partido, cásate". Cuando yo a él lo veía mal le decía: "Papá, sepárate de mamá", o, "Yo en tu lugar me hubiera ido". Nunca me respondió... hasta un día. Se paró frente y me dijo: "Yo a tu mamá la quiero"... Me mató; ¡vi la parte del que era todo aceptación!

● ● ●

Temer algo es una forma segura de atraerlo; es la razón por la que **Andrea** llega al consultorio. Se presenta con conflicto de diagnóstico, y no sabe cómo salirse de la rueda de miedo y somatización. Su voluntad de no cortar, envenenar o quemar su cuerpo (cirugía, quimioterapia y radiación) es la clave para poder expresar el resentir que le ha provocado el conflicto madre/hija que hay detrás. De primera intención piensa que es un tema con el marido, y no esta desencaminada, pero en breve cae en cuenta que tiene un gran sentimiento de injusticia por la relación con su madre.

Ella siente que necesita a su madre, pero aquella madre arquetípica que nutre en todos los aspectos, y solo encuentra a la que la desvaloriza...

Andrea vive buscando a papá, pero como para tener a papá hay que ser como mamá, se asegura de buscar algo diferente... Primero en la relación con el hombre que le gustaba, pero que no encajaba en el esquema pautado por la madre. Parecería que no lo consultó con nadie pues no le participó su decisión al padre de la criatura. Pero si consultó, solo que con el introyectado de la madre y de la abuela de lo que es "un buen partido"... La realidad es que no tuvo la libertad de tomar su propia determinación al respecto y decidió abortar su proyecto de vida. Esta es la razón por la que no quiso llevar a término su creación; en este caso, el producto de esa relación. Para poder vivir con su consciencia justificó y racionalizó, pero quedó estéril porque se sintió muy culpable, aunque vivió su culpabilidad en negación. Misma situación que se repite con el duelo no elaborado de la muerte de su padre...

Es típico que las mujeres después de un aborto, eventualmente desarrollen problemas en los órganos genitales o en las relaciones sexuales. Esto ocurre porque la culpabilidad que sienten en su fuero interno por haber interrumpido una vida les lleva a establecer una programación de auto-castigo. Es un mecanismo inconsciente, por supuesto, pero real; la culpa siempre pide castigo. En el caso particular de Andrea, esto se manifiesta en frustración sexual durante el acto.

Su sequedad vaginal es un rechazo a la penetración que no ve como placer, sino como la imposibilidad de la procreación.

Su quiste mamario es la somatización del ataque a su dignidad que percibió de su madre; del sentimiento de separación (padre/marido) y *de un sentimiento de abandono (madre/sí misma).*

Andrea deberá hacerse consciente de las programaciones del tipo "buen partido" y persona indicada". Esto que su mamá le decía con respecto de una pareja y lo que a su mamá le había dicho antes la abuela es un buen ejemplo de lo que es la transmisión generacional. Tomar consciencia; sana los femeninos que le precedieron y corta de raíz aquella maldición para las nuevas generaciones que les sucederán. Aunque ella no haya tenido descendencia directa, tiene lazos de sangre y la curación opera holográficamente. Después de todo, ella fue la elegida (auto-elegida) del clan para transmutar aquella energía discordante, sanando esa condición.

"El viaje empieza con el descubrimiento, no solo con la información."

Thomas Keating

Protocolo de acción para Andrea:

1. *Realiza una meditación para darle al alma que no nació de ti, la vida que le tronchaste. De esa manera te concederás la oportunidad de vivir la maternidad que antes te negaste (el cerebro no distingue real de imaginario).*

2. *Identifica y enfrenta los introyectados de tu madre que han creado programaciones del tipo "buen partido", persona indicada", "tanto tenés, tanto valés", etc. Imagina que los metes todos en una maleta (valija) y dile en tu mente con firmeza: "Madre, esto no es mío; ¡te lo devuelvo!"*

3. *Sana la perplejidad del por qué tu padre no dejó tu madre; no seas controladora y no te inmiscuyas en los asuntos de los demás.*

• • •

4. *Acepta que tu padre no puede ocupar tu lugar de pareja.*

5. *Perdona a tu madre e integra en ti tu femenino y tu masculino primarios ya reconciliados. Solo entonces habrá un lugar disponible para tu pareja.*

6. *Reconoce que usaste a tu esposo para adelantar tu agenda y hónralo, porque te ha acompañado en tu odisea.*

7. *Admite que elegiste a tu marido (y lo sigues eligiendo cada día) por amor y re-negocia con buena fe los términos de tu relación con tu pareja. Permítete el placer y la felicidad en salud y prosperidad.*

8. *Atesora lo que representa tu padre en términos del ejemplo de compromiso y entrega (no sacrificio) en nombre del amor, y la total responsabilidad de todas las circunstancias de su vida.*

9. *Cuéntale tus secretos a tu madre y aliéntala a que te cuente los suyos; así sanaran las dos. Cuando abandones el rol de "perjudicada" ella abandonara el suyo pues ya no será necesario en tu "drama".*

10. *Derrumba algunas de tus estructuras para que puedas fluir con la vida.*

• • •

-IV-

"¡Me parte!",
Yves (45)

Tengo una vida buenísima y un hijo cheverísimo, pero llevo 11 años sin pareja. El problema soy yo. Cometo el mismo error siempre. Soy obsesivo-compulsiva y me aferro. Soy malcriada de repente; impulsiva, y siempre se repite la historia. Busco una pareja porque uno no puede ser feliz si no tiene una pareja. Es una ley de vida que todo tiene que estar en pareja. ¡Pero no está en mis manos! De hecho, hace tiempo que me atormenta un sueño repetido. Sueño que estoy enamoradísima, ¡y el chamo me abandona o se va con otra! Nunca le veo la cara, pero es el mismo sueño...

Me casé cuando tenía 20 años y me divorcié a los 24. Me quería y lo quería, pero se acostó con mi mejor amiga. En realidad ya quería dejarlo y me dolió más por mi amiga que por él.

* * *

Luego tuve otra relación, con quien sería el padre de mi hijo, que termino inmediatamente. En 15 años lo ha visto solo 3 veces...

Me tiemblan las manos desde hace un mes. A mi mamá también, desde hace 2 años, por una condición congénita que espero no haber heredado. No duermo. Solo 5 horas: de 10:00 pm a 3:00 am. Sufro mucha depresión. Desde hace 4 meses estoy tomando medicamento como parte de un estudio.

Cuando mis padres estaban casados, para mi mamá todo era mi hermana. ¡Y no le importaba hacer ver la diferencia entre nosotras! Mi papá, para compensar, era todo yo. Era la reina de papá; su princesa. Después del divorcio cambió todo; quedé yo sola. Yo tenía 9 años... Él de vez en cuando aparecía, a pedirle a mi madre que regresara con él, o venía a buscarnos con una mujer distinta cada vez... ¡eso me afectó mucho! Murió a los 71 años de un accidente cerebro-vascular.

No me duele tanto que los hombres me abandonen como verlos luego con otra mujer... ¡me da un dolor! El mismo dolor que sentí cuando veía a mi padre... ¡me parte!

Me he hecho 2 regresiones. Una con la gente de la cienciología y la otra con Brian Weiss. Por esa supe que mi papa quería un varón... La primera duró aproximadamente 6 meses. Un poquito para atrás, un poquito más para atrás, y así. Ellos quieren que recuerdes todo lo que ha pasado en tu vida. El saber es como una cadena; los eslabones no pueden tener espacios. Me vi feto; con un ojo grande y otro más chico. Mi madre le hablaba a una señora que era como mi madrina... todavía le recuerdo la voz: "Estoy en estado y mi esposo tuvo una hija por la izquierda" ¡No quería tenerme! Esa fue mi primera depresión...

Tengo solo esa hermana, mayor que yo. Habría tenido un hermano, pero nació muerto. De chicas mi hermana era la hiperkinetica; ahora soy yo. Yo era muy bonita y todos me destacaban. Decían: "La chiquita esto, la chiquita esto otro". Entonces mi hermana me agredía; ¡me agredía mucho! Yo siempre estaba amoratada o arañada. Llamaban de la escuela a mi mamá pero ella no hacía nada... ¡Y el abuso seguía! Abusó mucho de mí en mi infancia.

Cuando mi mamá se casó, mi papá se desentendió. Por alguna razón mi mamá quiso demostrarle a ese señor que tenía una familia bien. ¡Fue el mejor tiempo de mi vida! Los cuatro hacíamos cosas de familia normal. Para mí él es mi papá, aunque ella dice que él no me quiere.

Con mi hijo es adoración, sin embargo mi papá ni conoció a mi hijo...

En algún momento mi mamá no sé qué le dijo que me rayó con el tipo. Como a los 14 años me harté y me dije: "¡pues yo soy de la calle!" Y me desinteresé de mi familia, que era la que me hacía daño. Terminé criándome yo a mí misma, buscando lo que me faltaba en otras familias... ¡Pero crecí con mucha soledad! Finalmente vine acá y me casé con el padre de mi hijo; un basura. Abandonador también como mi papá.

Mi madre siguió con su rechazo hacia mí. Fue hace 3 años que la situación dio un vuelco. ¡También yo aprendí a manipular! Ahora me llama y le digo: "Hola, es tu hija preferida", en vez de echarle candela. También estuve 12 años cristiana, y Dios hizo un milagro en nuestra relación. Dejé de ser cristiana porque no se me hizo el milagro que yo quería, que era el de la pareja. Sigo creyendo en Dios, pero no ya en los pastores. Al mío le creía a pies juntillas, y todo lo que me decía, lo hacía con fe. ¡Me hizo hacer una cantidad de cosas! Hasta el mapa del tesoro para atraer una pareja. Al final me enojé con él y no volví más a la iglesia. Una pena, porque oraba por cantidad de personas...Acabo de regresar de mi país después de zopotocientos años sin ir... ¡Me pareció Hiroshima!

Al margen de lo que pasa allí, el encuentro con mi hermana... Dios mío... ¡No tenemos nada en común! No tiene personalidad, ¡me acaparé todo! Es insegura; nunca la escogería de amiga. Es egoísta y no es de confiar; te la clava por la espalda. ¡La vi tan poquita! Como un carro sin aire acondicionado y sin ventanas automáticas...

Estando allí le dio el accidente cerebro-vascular a mi papá y mi hermana me lleva de arrecho. Iba en ese carro botando piedra. En el hospital conocí a los otros hijos de mi papá. Se me abrazan diciendo: "Gracias por venir". "No me den las gracias, ¡vine obligada!". Me dicen que mi papá ya no reconocía a nadie como si me importara; para mí era el señor don nadie... no sentí nada. Cuando me vio, se desesperó; ¡entonces quería hablar! Me puse brava porque soy frontal; no tengo filtro. ¡No fui donde él! Alguien que no te quiere... ¿para qué lo quieres cerca? Igual que el papá de mi hijo; los eché a los dos en la misma bolsa...

Cerré el ciclo con ese país y con esa gente...

Si no me pongo a pensar en eso de la pareja, estoy bien. Mi hijo es mi marido y él lo tiene asumido. El tema es que como él tampoco tiene novia, dice que eso de no poder tener pareja ¡lo heredó de mí!

Yves desea dilucidar por qué teniendo una vida buena no puede mantener pareja. Esa es su perplejidad explícita, pero hay una perplejidad implícita: el por qué es incapaz de disfrutar de lo que tiene por el mero hecho de no tener pareja...

Lo obvio sería pensar que es porque se ha criado sin padre, pero hay más.

Yves no fue deseada como hembra por el padre y fue inconscientemente rechazada por la madre porque estando embarazada de ella, supo que su esposo había tenido otra niña fuera del matrimonio. Esta podría ser la razón por la que la madre nunca llega a amarla realmente, pues le recuerda que otra mujer y otra hija tuvieron prioridad; Yves siempre le recuerda aquel episodio doloroso de su vida...

Para que un hijo de padres divorciados crezca sin traumas relacionados a esa escisión de la familia, necesita sentir el amor y la atención de sus dos padres y saber que se estiman y se respetan como persona, por supuesto. Pero también necesita su lugar. Un lugar simbólico y un lugar real. Todos los miembros de una familia ocupan un lugar. La terapia transgeneracional aporta un concepto interesante y es el de la invisibilidad. Los invisibles del clan, son aquellos miembros cuya voz no se oye y nada de lo que hagan cuenta para nadie. A menos que hagan un llamado de atención negativo, claro, pero entonces pasan a ser los señalados. Desde la perspectiva del psicoanálisis se diría que Yves ocupa el lugar sin lugar, precisamente porque no fue deseada y nadie la estaba esperando; el padre estaba en otra relación y la madre estaba en el lugar de victima...

Yves inconscientemente repite el patrón de hombre ausente. Desea una pareja y no tiene problemas para atraer hombres, pero no haya forma de retener a alguno... Es la razón por la que se asegura de tener un único hijo varón, que es el sucedáneo del macho alfa que nunca ha estado en su vida (o solo por muy breve tiempo). Incluso le pone a su progenie un padre ausente. Lo que es más grave es que su creencia en la necesidad de tener un hombre a su lado la lleva a llenar ese espacio con su hijo y se engaña pensando que su hijo ha ocupado ese lugar voluntariamente... Así, desestima la protesta de su hijo por su propia incapacidad de tener pareja.

El verdadero resentir que tiene contra el padre no es tanto el abandono, como que la *dejó sola con la madre (y la hermana, que es el doble de la madre). Si su hermano hubiera sobrevivido tendría un aliado, pero este también la deja sola. Observar que es nombrada como varón (el femenino de su nombre es Yvette), que, aunque en un idioma extranjero, como quiera la marca con una identidad de varón. Si aplicamos la teoría que avala el síndrome del yaciente, podríamos decir que lleva encima una energía masculina que pudiera ser la del hermano muerto. Podría también haber en ella un deseo reprimido de ser varón en la creencia que, de haber sido varón, el padre no la habría abandonado. A ese tenor, resulta muy notoria la necesidad de diferenciarse de las mujeres de su vida (su madre y su hermana) por quien nunca se sintió querida sino más bien, perjudicada. En cualquier caso, lo que está claro es que el lugar del varón en la vida de Yves ya está ocupado... ¡por ella misma!*

Su padecimiento de las manos, también apunta al padre. El padre es quien sienta las pautas de elección de pareja, y también establece el parámetro por el cual la hija sabrá si la pareja la amerita o no. Con la desaparición de su padre Yves ha perdido todos esos referentes... Aparte, a nivel etimológico la mano representa la manipulación. De acuerdo con la Bioneuroemoción, el resentir es: "tengo la impresión de ser manipulado". Pero le tiemblan las manos porque tiene la presión adicional de distanciarse de la madre, a quien también le tiemblan las manos. El mencionar la condición congénita de su madre puede ser un llamado de atención de su inconsciente para que ella recuerde que se auto-eligió para sanar su árbol genealógico. En cualquier caso, su deseo de controlar las circunstancias de su vida es tal que la tensión se convierte en temblor, y puede devenir en la enfermedad de Parkinson...

Su insomnio está relacionado con el duelo del padre que murió para ella cuando más lo necesitaba, mucho antes de haber muerto. Su depresión es su manera de quitarse la presión que le causan sus creencias al respecto de su niñez trunca y de su feminidad frustrada por falta de una pareja. Ella quiere echarles con el rayo a los hombres pero no puede porque tiene un único hijo varón que le da el amor, apoyo y comprensión que siempre ha buscado. Su incapacidad de aceptarlo así hace que no lo valore y en el aferramiento a su insatisfacción, mantiene atado a su hijo...

Es interesante también observar su rabia contra el pastor; otro de los hombres de su vida que la ha abandonado, simbólicamente, puesto que ella siente que la decepcionó. Hay que hacer mención obligada de su decepción última, con el arquetipo Dios Padre, quien le negó el milagro que ella pidió y en cambio le hizo el de acercar a la madre... Su *"venganza"* es dejar de orar *"por cantidad de personas"*. Sería interesante saber el contenido de esas oraciones para ver hasta qué punto se entrometía en el libre albedrío de las personas que pretendía ayudar, sin tener siquiera la capacidad de ayudarse a sí misma...

"Eres un ser deseado: estas aquí porque el universo lo quiso."

Alejandro Jodorowsky

Protocolo de acción para Yves:

1. Sal al encuentro de tu niña interna, dale todo lo que aún espera recibir y ayúdale a crecer hasta tu edad cronológica. Si no, va a seguir atravesada en todas tus relaciones causándote problemas...

2. Entiende que fue tu niña herida quien decidió que la humanidad se divide entre los que manipulan y los que son manipulados. Sé proactiva y elije un paradigma más acorde a quien decides ser hoy.

3. Deja de generalizar a "hombres" y "mujeres" según tu aprendizaje errado de tus primeros modelos de rol. Si para ti los hombres son "abandonadores" y/o "basura" y las mujeres son "traidoras" e "incapaces de amar", entonces ¿Quién

eres tú? y ¿que quedará para tu hijo? Si le quieres dar un buen legado, conviértete en un ser honesto y capaz de amar. Al ser ése tu nuevo factor de atracción, atraerás la pareja que buscas y tendrás la familia que siempre has deseado.

4. *Reconoce que aunque tus padres no te quisieron como sientes que habrías necesitado, te quisieron como mejor pudieron y supieron.*

5. *Deja de buscar gurúes; no hay que buscar, sino ser. Eso sólo se logra tomando nuevas decisiones en base a lo que quieras crear.*

-V-

"¡Paren el mundo, me quiero bajar!",

Sofía (43)

Estoy súper deprimida en medio de este cambio. Mis sentimientos predominantes son miedo y enojo. Soy muy insegura y ¡necesito aprender a manejar mi ira!

Siempre he sufrido depresión, y mi tendencia ha sido encerrarme en mi misma. Mi padre es maniaco depresivo y mi madre tiene el desorden de personalidad fronteriza. Ella me despertaba lo mismo a los gritos que con un beso. Dice que no me amamantó porque cuando nací, "no se usaba eso de dar el pecho". Ella siempre fue muy especial en el contacto. Si yo estaba enferma, me hacía mimitos; si no, ¡no me hacía ni caso!

• • •

Mi mamá me contó, de una manera no muy saludable, que recién embarazada de mí se enteró que mi padre tenía otro hijo: "Accidentes que pasan en la vida", dijo. Y después sentenció: "No tenés que confiar en nadie".

Era algo paradójico; "Te quiero mucho", decía mi madre, pero me empujaba. Yo todo lo hacía pensando: "¡Dios mío, que no se enoje!" No era todos los días, pero se enojaba demasiado a menudo. Su manera de comunicarse fue siempre muy agresiva. Llegó el momento en que me acostumbré a que me gritara y me tirara cosas. Pero hasta hoy día, el miedo hace que reaccione muy mal... ¡Fue muy fuerte el secreto en la locura!

Un día mi mamá se enojó mucho; no sé qué habría hecho yo. Mi juguete favorito era una caja registradora que ella misma me había regalado. La tiró contra el piso y la rompió. Eso de romper algo me impactó. Después, tiró la puerta. Hizo como que se iba y se escondió.

En ese primer momento pensé: "¡Menos mal que se fue!" Pero después, la angustia de abandono fue terrible para mí... A los días, sin más, me volvió a comprar otra caja registradora. Con los años pensé: "¡Que hija de puta!" Era re-perversa la mina...

Cuando tenía 7 años, tuve una profesora que en medio de toda el aula, me tomó de punto. Me sentí expuesta. Pensé: "Soy una estúpida". Era una nena buena y ella vio ese aspecto de mí. Antes de eso me sentía normal; igual que el resto. Después de eso siempre me sentí tonta. Inventaba dolores para no ir a la escuela... ¡Casi repito el año!

Mi hermano mayor era inteligente y estudioso. Está casado hace años... ¡Lo salvó mucho su relación! Después, vino a este país... ¡Yo estaba horrorizada de que me hubiera dejado sola con mis padres! A los 15 años yo era niña todavía y no estaba preparada para enfrentarme a esa realidad...

Siempre estaba muy angustiada. Mi vida era mucho llanto y pasividad... con esa cosa del desamor...

Al tiempo me diagnosticaron anemia. Me hicieron análisis por el cansancio. ¡Estaba siempre en las nubes! A partir de ahí empezó el desfile de analistas; casi siempre estaba en terapia...

Ya mayor de edad, cuando mamá me hablaba con enojo, sentía un dolor mortal; pura agonía psíquica. Un día me surgió el pensamiento:

"Esta mierda no la aguanto más". No lo dije... pero golpeé el puño contra la mesa. La mano la tuve morada por tres días... ¡pero mi madre se calló! Ese día sentí aquel enojo en la boca del estómago. Era visceral, primitivo...

Por primera vez, cuando vine a este país descubrí que podía vivir sin llorar. ¡Me sorprendió! De todos modos había algo de la melancolía que ya era mío... Pero aun hoy si voy a mi país, todavía me dan ganas de llorar...

Me siento incómoda con el amor. He llegado a la conclusión que yo simplemente no sé lo que es amar...

Me divorcié hace tres años. En este país, mi ex me dio mucho amor. A pesar de que ya no lloraba y me sentía aliviada, en un aspecto también me sentía sola. Mi hermano estaba acá pero tenía hijos y estaba en otra cosa. Mi ex me hizo un lugar en su vida y en su familia. La relación duró 6 años en total; cuatro y medio de matrimonio. Él era extraño, tenía cambios de humor repentinos...

Me siento mala persona cuando le grito a alguien, cuando contesto mal, con ego, con arrogancia. O cuando maltrato con un mal modo, como mi mamá... con actitud... Con mi marido hablaba en imperativo. Una vez lo descubrí en una mentira y sentí un odio tan grande que arrojé el control remoto contra la pared... Fue como si el tiempo se hubiera detenido... Me dejó fría el pasaje al acto... Yo pude pensar y no lo hice... Me pareció una locura. ¡Solo he tenido esa sensación con mi mamá!

Es reactivo mi miedo de adolescente... y la ira. Tanta agresión de parte de mi mamá me enojaba mucho a mí... ¡Pero no podía despegarme de ella! Nos unía un lazo que tenía que ver con la locura, con lo esquizofrenizante.

Mi madre es una mujer difícil. La gente la ve en la calle y se esconde para no lidiar con ella. ¡Mi papá hace 40 años la quiere dejar! Ella grita, no disfrutan... Ahora tiene demencia; la cosa está terrible. Con esa familia tan disfuncional crecí a la defensiva. Hace unos meses se quebró la mano izquierda y fui a mi país a ayudarla; ¡se me hizo más vívida su locura! Allá me dieron mareos y ataques de pánico. Cuando regresé estuve como de duelo...

Mi enojo se incrementó con el divorcio, pero fue lo que aprendí de mami. Donde más lo notaba era manejando. Al año y medio de matrimonio detonó ¡sentí tanto desamor! Para ese entonces él, que había tenido una lesión, estaba adicto a los analgésicos fuertes. Eso empañó un montón de cosas lindas... Su manera lo arruinaba todo; ¡se volvió peligroso!

Así y todo, pude haber sido mejor esposa, haberme relacionado con él más sanamente.

Me siento mala persona cuando actúo agresivamente. Mis amigas me lo señalan; ¡creo que hasta mis compañeros de trabajo! Tengo miedo al ridículo... ¡Pase tanta vergüenza con mis padres!

Luego tuve otra relación que paró en nada. Yo quería formalizar, pasar al próximo nivel... él no. No tiene un proyecto de vida; es un niño de mamá. Solo lo volví a ver para cerrar el capítulo. Pasé un mes muy angustiada; llena de inseguridades. Me sentí sola en el mundo. Sentí que nadie me quería. Sentí mi falta de amor a mí misma...

Estuve tan deprimida que no me importaba nada. Era tan pesado estar conmigo misma que me refugié en el trabajo. Ahora trabajo desde las ocho de la mañana hasta a las ocho de la noche... No tengo vida personal... Antes eran las tres de la tarde y estaba bostezando y ahora es, ¡ah, es de noche ya! Sin embargo todo pierde la gracia porque no puedo complacer a nadie... Estoy agotada y abrumada... ¡Paren el mundo, me quiero bajar!

Más que deprimida estoy sola; me supera la soledad. Más grande te ponés, los tipos no te miran... ¡Cuando salgo de la casa me pasa cada situación! Los que se interesan, después no contestan las llamadas, te cuelgan, se pierden...

No tengo energía para poner una careta, así que me aíslo. ¿Quién quiere estar con alguien que está angustiado todo el tiempo? Yo resiento que tiene que ver con cómo soy... Pensaba que había venido de mi país huyendo, porque mi mamá está muy loca, porque no podía respirar allá. Ahora sucede que estoy tan o más loca que ella, y que tampoco puedo vivir aquí. Mi vida es ridícula. He alcanzado el éxito profesional pero ¿de qué me sirve?

No estoy casada y no tengo hijos. No puedo ver a los lados, ni abajo y mucho menos para arriba.

¡Estoy demasiado dañada emocionalmente!

Sofía busca ayuda al tope de la soledad y la desesperación. Tiene asuntos pendientes con su país, con su familia de origen, con sus relaciones sociales e íntimas... Sin embargo tiene muchos recursos, aunque cree que no tiene ninguno. Entre otros recursos tiene la capacidad de darse cuenta que la agresividad, tanto como la cobardía, son dos formas de miedo. También ha identificado que la base de sus problemas es su propio desamor; mismo que fielmente le han mostrado sus padres como espejos...

La consultante ha llegado lejos en la vida porque, contrario a lo que piensa de sí misma, es inteligente... y articulada. Sólo que es extremadamente mental; ¡su mente es su peor enemigo! Aparte, ha hecho tanta "terapia" a lo largo de su vida que se ha convertido en una paciente informada.

Vive diagnosticando y diagnosticándose, convirtiendo en patología cada característica suya o de los suyos.

Ciertamente todo parece indicar que hay una patología en sus padres, pero lo disfuncional aquí es que ella inconscientemente ha decidido seguir viviendo en función de ellos, o al menos en referencia a ellos... particularmente de su madre. Se podría pensar que es porque es mujer, siendo que por socialización la mujer tiende a gravitar más alrededor del hogar. Pero en estos casos es el primogénito quien suele acusar más los efectos de la disfuncionalidad de la relación entre los padres (y por consiguiente de la dinámica familiar). Solo que el hermano de Sofía eligió la centrifuga y aparentemente, no le ha ido mal... ¡Entonces hay más!

Claramente la malvada de la película es la madre; por lo menos en la mente de Sofía. En un mundo maniqueo la realidad se divide entre buenos y malos, pero nuestra realidad intrapsíquica no es tan simple. En cuanto se trabaja al progenitor "malo" en casos como estos, el "bueno" no tarda en estar en problemas...

En su discurso, Sofía tiene bloqueado su aspecto pareja, lo que la remite constantemente a su niñez y a la relación entre sus padres.

Es interesante notar que las parejas que menciona son disfuncionales, infantiles, o incapaces de comprometerse; en otras palabras, son su Imago. Sofía inadvertidamente está creando realidad a partir de su carencia afectiva; la serpiente que se muerde la cola.

Claramente tiene asuntos pendientes que resolver con sus progenitores y es imperioso trabajarlos antes que pase más tiempo (otro tema neurálgico a este punto; el paso del tiempo). En el caso de la madre, el asunto pendiente viene por su claro desorden de personalidad, pero en el caso del padre, viene por éste haber sido un padre emocionalmente ausente. Esto esta omitido en el discurso de Sofía, puesto que, después de todo, papá estaba allí. Pero una cosa es que haya un hombre y otra es que haya un hombre en función. Su padre es lo que se conoce como un padre tangencial. Está, pero no ejerce. Si su padre no existe en el lugar de hombre y su hermano mayor la abandona... ¿Qué modelo de rol masculino tiene? Un padre es el que provee, protege y establece el modelo de lo que es un hombre (como pareja). Así, no hay hombre en la niñez y adolescencia de Sofía, luego será difícil que lo haya en su vida adulta, a menos que tome consciencia.

Sofía también muestra desvalorización por desprotección. Como nunca se ha sentido protegida, más bien expuesta, avergonzada e incluso ridiculizada, siente que no tiene valor.

Esta desvalorización es el punto de vista desde el cual se relaciona con las personas; sean amigos, compañeros de trabajo o parejas. En su corazón ha de reconciliar a sus padres para que su mente acepte que no es de ella juzgar, ni la manera de ser de sus padres ni la relación que han sostenido. Este es otro de los factores que influye en su falta de pareja... Mientras sus arquetipos femenino y masculino estén peleados, Sofía será incapaz de atraer y mantener la pareja que espera y merece. Esto explica la manera feroz en que ataca a los hombres con quienes esta en relación, en quienes establece la transferencia, y por lo que se auto-sentencia con un problema de ira descontrolada.

Hay varias heridas consideradas primigenias. En el caso de Sofía, ha sufrido rechazo de su madre, su primera figura de apego. Ella es la persona más importante en su vida, a quien desea agradar a toda costa. Ante tal imposibilidad, se rinde a un apego inseguro; exactamente como su padre...

Sofía ha aprendido de su madre a rechazar... y a rechazarse. El tema es que si el rechazo de su progenitora hubiera sido permanente, ella habría renunciado al cariño de la madre. Al ser intermitente, la niña lo recibía (prueba de que la madre era capaz de darlo) de *vez en cuando ¡y ella no tenía manera de saber cuándo sería el cuándo!*

Ahora rechaza sistemáticamente por precaución; por miedo a ser rechazada. Pero como rechaza quien ella es, rechaza también la ayuda que se le pueda brindar. De esta manera se castiga, hundiéndose en su soledad y en su dolor...

Como el factor de atracción de Sofía es el terror de ser rechazada, manifiesta, entre otras cosas, una maestra acosadora que la ridiculiza en frente de la clase; otra forma de rechazo. Habitualmente un maestro es una persona que enseña a muchos niveles, no solo académicamente, de manera que su influencia enaltece e ilumina. Se entiende que por ser humano, puede cometer algún atropello ocasional porque esté pasando por un mal momento a nivel personal; eso es parte de la vida. Hoy día en que el fenómeno del de acoso escolar esta tan bien descrito, es momento de traer a la palestra el hecho que no son solo los pares, sino que este perturbador comportamiento puede provenir de los maestros o algún otro personal escolar. En realidad, maestros acosadores han existido siempre, mismos que abusan de su poder o sus prebendas.

• • •

El encuentro con esta maestra "bully" es otra de las barraduras psicológicas de Sofía, mismo que la ha hecho sentir inadecuada y poco inteligente toda su vida. A partir de esta experiencia, la consultante comenzó a somatizar sus estados emocionales desarmonizados.

La anemia, de acuerdo a los lineamientos de la Bioneuroemoción, es la respuesta biológica a un deseo de desaparecer de la familia. Apunta a un conflicto de desvalorización, con un resentir de: "Tengo la impresión de molestar en la familia" o "Me ahogo en esta familia". Es el "lugar sin lugar" del que habla el psicoanálisis. Al no tener un lugar en su familia de origen, generaliza esta desolación al sentir que no tiene un lugar en el mundo... es por esta razón que se aísla y tiene deseos pasivos de muerte.

Sofía no solo no tuvo un lugar, sino tampoco tuvo con quien hablar en su infancia, alguien que contestara sus preguntas y escuchara sus angustias. Esto pasa con frecuencia, de manera que la persona se habla a sí misma, se pregunta y se contesta, se llora y se consuela, hasta que hay tantas voces en la mente que la persona se siente al borde de la locura. Para colmo, su madre le dio un inducto de desconfianza absoluta, por lo que bloqueó sus deseos y la consultante se replegó finalmente *sobre sí misma, mientras aumentaba su sentimiento de ira y rencor, el que mientras más trata de aplacar, más crece.*

La consultante, además, ha crecido con un conflicto de identidad por lo que desconoce cuál es su proyecto de vida.

El trabajo ha de ser con su niña interna para que pueda desprenderse de aquellas pautas aprendidas que ha de cambiar para ser feliz. Ya desde su aspecto adulto puede aceptar que, aun cuando haya sido rechazada en la niñez, ello no quiere decir necesariamente que sus padres no la quisieran. Su madre seguramente fue rechazada cuando era niña por lo que todavía se rechaza a sí misma, y el padre responde a algún sentimiento de culpa puesto que claramente se martiriza al quedarse.

"El adagio de antaño: "Mente sana en cuerpo sano"
debe ser revertido a: "Cuerpo sano en mente sana"

Jorge A. León

Protocolo de acción para Sofía:

1. Reconoce que es humano sentir rencor cuando se es niño y se sufre en secreto intensamente. Permítete la ira cuando esta sea la respuesta lógica para una situación dada, pero haz algo constructivo con ella.

2. Admite que nunca quisiste atentar contra tu propia vida, sino eliminar el aspecto juez y auto-compasivo de ti.

3. Exprésale a tus padres lo que sentiste sin ninguna acusación de por medio; acéptales incondicionalmente y perdónalos.

4. Perdónate por haber querido tanto a esa madre "que te dañó" y a ese padre "que fue incapaz de protegerte", y reconoce tu propio valor al seleccionar padres de reto para trabajar estas lecciones de vida.

5. *Aprende que querer distanciarse de un modelo de rol es vivir en función de él, y como no quieres imitarlo, date el permiso de ser tú misma.*

6. *Reconcilia en tu corazón a tus padres para que tu mente deje de juzgarlos. Mientras tus arquetipos femenino y masculino estén peleados, serás incapaz de atraer y mantener la pareja para evolucionar que mereces.*

7. *Reconcíliate también con tu país (Madre Patria) y con Dios (Padre).*

8. *Sé comprensiva y compasiva contigo misma y no luches contra tus emociones; estamos hechos para sentir.*

9. *Escucha a tu intuición más que a tu ego alterado.*

10. *Contacta tú poder personal y fluye con la vida.*

-VI-

"No quería tener niños", Gabriela (60)

Estuve casada 20 años. No quería tener niños porque era discotequera. Me saqué una barriga antes de mi único parto, y otra después. Mi hija fue deseada porque en ese momento yo era feliz. No comía casi... Me cuidé tanto mi cuerpo que la barriga se me vino a notar a los 6 meses. El parto duró más de 12 horas, por diferentes circunstancias. Al ver que yo no dilataba y ella estaba perdiendo los latidos, finalmente me hicieron cesárea. Gracias a Dios, porque venía amarrada del bracito con su propio cordón umbilical... Nació con la cabeza picúa ¡y con tremenda hambre!

El padre me dejó por una turista. Como se quería ir con ella a su país, quiso el divorcio lo más pronto posible. Le dije: "Si te quieres ir me

das la custodia legal de la niña". El accedió; pero me dejó pura deuda y miseria. Por supuesto que se arrepintió y regresó. Pero yo no di marcha atrás; para mí fue una traición demasiado grande. Mi papá estaba grave en mi país y yo fui a estar con él en sus últimos momentos. Dejó a su propia hija en casa de unos amigos para desaparecer con la mujer. Cuando regresé ¡ni siquiera sabía dónde estaba ella! Fue muy fuerte... después le decía que la iba a visitar y no venía. Mi hija se alteró muchísimo. Él dice que la adora, pero no viene a verla. Cada tanto me llama diciendo que soy el amor de su vida, que mata por mí... ¿De qué me sirve eso?

Cuando la separación empecé a salir; a las discotecas, de fiesta... a todas partes. Dejaba a la niña con mi hermana y a vivir. Ella se dio cuenta que estaba como nerviosa, comiendo mucho, mal... Pero eso no me detuvo.

En eso conocí un hombre buenísimo. Con él me tranquilicé; ya no me amanecía, ni bebía casi... era una mujer de mi casa. Pero pasó lo que no tenía que pasar... ¡Que decepción! Pensar que mi hija lo quería como si fuera su propio padre... pero le hizo daño... Una persona de la que jamás habría podido pensar una cosa tan semejante... Yo no dudé de lo que me dijo mi hija. Cuando le informé al señor que tenía que largarse de la casa por lo que había hecho, me preguntó: "¿Cómo vas a pensar eso de mí?" ¡Pero no lo negó! Fue lo último que escuché de él, porque así como lo saqué de la casa, lo saqué de mi vida para siempre...

Por ese entonces desarrollé una condición autoinmune, rarísima, y estoy toda hinchada por los medicamentos que tomo. ¡Con lo bonita que yo era! No puedo decir si por esto o por aquello, pero no he tenido más pareja. A veces pienso que aquella fue mi última oportunidad... pero no me arrepiento. El caso es que todo se dio así y no he vuelto a tener más marido...

Ahora lo único que me preocupa es mi hija.

Se busca unos novios que... ¡vaya! Dice que no se siente bonita y yo no entiendo. Si tuviera alguna deformidad o algo, pero no; es una niña normal.

Yo antes salía, ya no... ¡vivo pendiente de ella! No sé qué más necesita; tiene todo para ser feliz ¡pero está deprimida!

De vez en cuando le da con decir que se quiere morir. La llevé a una curandera, a la iglesia cristiana, a un babalao... Ya no sé qué más hacer con ella... ¡Necesita terapia urgente!

Gabriela es un buen ejemplo del prototipo que la cultura popular describe como "más mujer que madre". De hecho, a pesar que desea a su hija, se ocupa más de su figura que de la nutrición intrauterina de esta. Luego se burla diciendo que nació con hambre... La niña que trajo al mundo nació ya con un programa de muerte (expresado en las vueltas de cordón umbilical), por eso el parto fue tan difícil... y peligroso.

La consultante es una mujer llena de incoherencias que presenta a su hija como paciente identificado, cuando en realidad, su hija es solo la portadora de la disfunción de todo su sistema familiar.

Hay personas que no entienden, y por tanto se niegan a aceptar que en los hijos, ninguna pareja termina. El progenitor "ausente" sigue vivo y activo en su sangre, en sus memorias y en todo su campo energético. Además, cada pareja, así sea incidental, a la que se abra el progenitor custodio, pasa a formar parte del alma de la familia. Si no es una buena adquisición, el miembro sintomático por ser más sensible, lo va a expresar de alguna manera (desarmonizada, por supuesto).

Gabriela habla de su divorcio y consiguiente disolución de su familia con una frialdad pasmosa, así como de la enfermedad de su hija. La experiencia con la segunda pareja le pegó más, pero no queda claro si por su hija o por ella misma. Lo que sí está claro es que somatiza, y su hija también, aunque expresa de otra manera su propio conflicto de desvalorización y baja auto-estima.

La condición auto-inmune de Gabriela es la manifestación física de su programa de auto-castigo. Por los abortos, por su inhabilidad de seleccionar una buena pareja, por haber descuidado a su hija, por la incapacidad que tiene para comunicarse con esta, o por lo que sea. Busca desesperadamente amor, pero uno distinto del que ha recibido... exactamente igual que su hija.

Gabriela ha desarrollado una aversión hacia los hombres que proyecta en su hija y es por esto que desaprueba las selecciones de pareja de esta. Hasta que ella no solucione sus traumas, le tocara ver a su hija transitar un camino de infelicidad, mucho más profundo que el de ella misma.

A Gabriela le cuesta trabajo adaptarse a situaciones nuevas, por lo cual la vida le presenta oportunidades para hacerlo una y otra vez, ¡para que pase esa lección! No obstante se enfoca en su hija, para demostrar que es una buena madre, que se "preocupa" y hasta se "sacrifica" por su hija. Es a su hija a quien quiere impresionar, pero como es un esfuerzo impertinente y a destiempo, lo único que consigue es abrumarla...

Los temores que siente Gabriela por su hija son un reflejo de lo que ocurre en su interior. Haría bien en buscar ayuda para sí, pues usar a su hija de chivo expiatorio va a comprometer más la salud mental, emocional, física y espiritual de su hija, y no va a resolver su predicamento. Hacerse coherente es el trabajo y el modelamiento de un ser saludable, independiente, funcional y feliz, es el mejor legado que puede darle a su hija.

"El reflejo de los padres es manifestado en las criaturas; solo así mejorando ese reflejo se manifestará la luz infinita del creador en cambios".

Chico Xavier

Protocolo de acción para Gabriela:

1. Identifica todas las situaciones y personas hacia las cuales sientes hostilidad y cuya aprobación buscas al mismo tiempo.
2. Elabora el duelo de los dos embarazos de abortarte y perdónate; solo así limpiaras tu transgeneracional de esa energía.
3. Cesa de buscar reconocimiento o aprobación. Date cuenta que para llamar la atención de tus seres queridos no es necesario enfermarte. Así liberarás a tu hija de los llamados de atención negativos que de ti ha aprendido.
4. Deja de ser dura contigo misma y con los demás; no juzgues ni critiques. Aprende a ver con los ojos del corazón.

• • •

5. Concédete el derecho a pedir lo que necesitas. Si los demás no responden a tus expectativas, no te decepciones; ¡nadie tiene obligación contigo!

6. Acepta que no puedes cambiar a los demás (incluyendo a tu hija) e invierte tu energía en transformar tu vida, a todos los niveles.

7. Procura no abrigar sentimientos de amargura y rencor; mucho menos, deseos de venganza. Si los sientes, permite que pasen como olas en el mar. En cualquier caso, no los reprimas; busca maneras creativas y edificantes de usar esos poderosos sentimientos.

8. Elabora los duelos de todas tus pérdidas. Reconócelas, resuélvelas, incorpora tus aprendizajes ¡y supéralas de una vez!

9. Revisa los temores que sientes por tu hija y resuélvelos; son un reflejo de lo que ocurre en tu interior.

10. Muéstrale agradecimiento a tu cuerpo en lugar de criticarlo o pensar que es defectuoso por manifestar enfermedad o "fealdad"; tu hija hará lo mismo.

11. Concédete el derecho de experimentar placer, enfocándote conscientemente en las cosas buenas de la vida.

• • •

-VII-

"Tengo ganas de morirme", Ashley (17)

Tengo ganas de morirme. Me dan ataques de pánico y no puedo respirar. Siento que no sirvo para nada, que no soy querida. Veo todo negativo. No me gusta nada de mi vida ¡nada! Ni siquiera me gusta mi nombre, que es tan común. No me lo cambio porque entonces nadie me conocería...

Tomo 4 pastillas todos los días: para la depresión, para la ansiedad, para los ataques de pánico y para dormir...

Mi mamá me conto que nací con vueltas de cordón umbilical y que mi papá se desmayó en el parto. No sé si de susto o de asco...

Me dicen que me parezco a una tía que murió bastante joven de cáncer en el abdomen. Me hubiera gustado conocerla; dicen que era controversial porque hacía lo que le daba la gana. Una vez una señora que vino se puso a compararla conmigo de forma muy específica y no querían que profundizara o que hablara delante de mí. Me sacaron de la habitación pero aún recuerdo la expresión de su cara; parecía que estaba en trance...

Mi vida tiene un antes y un después: mis padres se separaron cuando yo tenía 5 años y al año después fue el divorcio. Él le gritaba mucho a mi mamá: "Puta", le decía. Ella dice que eso no es cierto pero yo me acuerdo... Él se casó un año después y tiene otra hija. Mi papá ha sido muy basura... No lo he visto desde hace años...

Antes de la separación yo estaba siempre con los dos; después, con ninguno. Mi mamá me dejaba todo el tiempo sola y yo pensaba que no me quería, porque el amor se demuestra con acciones. Se supone que el que te ama, te cuida, te da afecto y toma precauciones por ti...

Tengo dificultad para abrazar; incluso a mi familia. Soy influenciable porque soy muy empática pero a veces puedo ser fría... Mis amigos me dicen: "¡Tu solo tienes una cara!", porque siempre tengo la misma expresión...

Si algo está mal, encuentro siempre una razón para que sea mi culpa... ¡me ha pasado tantas veces! Después de estar triste solo siento vacío... es difícil de explicar. Soy perceptiva de las energías, pero me siento atrapada en mi cuerpo. También soy emotiva y celosa si alguien tiene más que yo. Más que todo soy servicial; el problema es que oculto la tristeza...

Nunca he sido satisfecha; ni en mi misma, ni en amores, ni con amistades. Cuando tenía 8 años un chico me gustaba pero me decía cosas feas porque no era como mi amiga, que era la que le gustaba. Con ella era muy persistente. Sin embargo mi amiga no le hacía caso...

A partir de ahí me empecé a sentir fea. Encima, desde los 10 años mi mamá me decía a cada rato: "Tu naciste con hambre", porque comía mucho, pero no se fijó que también tomaba mucha agua y orinaba mucho. A los 11 años me diagnosticaron diabetes tipo II...

Después, mi mamá se echó un novio que tocó mi sexo. Tenía 13 años porque fue al año de tener la menstruación... Mi madre lo botó pero sospecho que en el fondo resiente que perdió esa pareja por mí...

Luego cuando empecé la secundaria fui acosada, porque tenía granos en la cara, era gorda, y fea. Soy 50/50; el físico de mi mamá y el carácter de mi papá.

Mi primera relación sexual fue en el crucero de las quinceañeras. Después estuve con un muchacho de otra escuela. A mi mamá no le gustaba porque decía que no me llevaba a ningún lado porque no trabajaba, pero yo estaba con él porque sentía que él me quería...

Ahora tengo mucha relación con mi madre, pero es de control y manipulación. Me dice: "Estoy triste; vivo por ti" ¡No es justo! Me molesta además que juzga mucho.

Casi siempre estoy falta de motivación, cansada, aislada; no quiero que nadie me vea. Si la muerte fuera una opción, la tomaría.

Me siento egoísta por mi mamá porque soy su única hija y no tiene marido. Soy más o menos lo único que tiene, ¡pero es un peso demasiado grande sobre mis hombros!

Cuando una persona en vientre materno ha estado atada por su cordón umbilical su cerebro registrará que la autonomía conlleva peligro de muerte puesto que en el momento del nacimiento, si sale del vientre se muere. Así encontramos a **Ashley**, expresando ya en su adolescencia una dificultad para reclamar un espacio de autonomía frente a su madre.

En el caso de su padre, el trabajo consiste en facilitarle a la consultante el reconocer que nunca tuvo padre, en el sentido estricto de la palabra, pues el suyo se comportó, y se sigue comportando en todo caso como un tío... lejano...

Sanar la relación con mamá requiere algo más que un acto psicomágico, ya que Ashley percibe a la madre como algo ominoso, en la medida que esta última trata de compensar lo que no hizo en su debido momento. Además, tiene la dinámica propia de la adolescencia en la que se es adulto, pero sin poder personal frente a ciertos padres que no le permiten crecer a sus hijos.

Seria fructífero que la madre de la consultante tomara consciencia que la única *manera de retener a un hijo es incapacitarlo para la vida. Aquello de que "las madres saben más" es un paradigma obsoleto...*

Ante una madre avasallante Ashley se siente disminuida e inútil, de manera que duda de si y de sus capacidades. Como resultado se siente apenada y triste, lo cual la lleva a replegarse sobre si misma sintiendo lástima de su sufrimiento. Confunde entonces sus deseos de eliminar el sufrimiento de su vida, con eliminarse ella misma de la vida. En otras palabras, desea morir a quien ha sido, en pro de quien intuye que podría llegar a ser.

La diabetes tiene un sentido biológico de mala alimentación afectiva. Subyace un sentimiento de separación o de asco (mismo que proyecta en su padre). En mi experiencia la persona que padece esta condición es muy dulce, pero su "azúcar" se le ha amargado. De acuerdo con la Bioneuroemoción, en esta condición subyace un re-sentir de "casa dividida". Lise Bourbeau dice de la diabetes infantil: "se manifiesta en el niño que no se siente suficientemente reconocido. Su tristeza le ocasiona un vacío interior que busca una compensación. De este modo intenta llamar la atención". Con Ashley se aplican "todas las anteriores".

En cualquier caso Ashley, a punto de cumplir los 18 años, debe hacerse consciente de su victimismo, desplegar las alas y disponerse a vivir su propia vida, independientemente de lo hayan hecho sus padres.

Esto es lo que se conoce como diferenciación; la habilidad de tomar lo mejor de su familia de origen y sacudirse el resto, para que no vaya por la vida buscando la aprobación y aceptación de los demás. O en el caso de la psicología analítica, el principio de individuación, para que Ashley pueda llegar a ser un ser íntegro.

Mención aparte merece la posibilidad de que Ashley exhiba lo que Salomón Sellam describió como el síndrome del yaciente. La clave nos la da el sentimiento de estar "atrapada en su cuerpo", el "parecido" con su tia "controversial", la "dificultad para abrazar" y quien sabe... hasta el deseo de morirse...

Queda claro que Ashley es la emergente de su familia, de manera que trae una misión (auto-elegida) para romper con lo viejo y tóxico de su árbol genealógico, y ha de buscar dentro de sí la fuerza para cumplirla. Esa es su única posibilidad de vivir el potencial maravilloso de su propia vida.

• • •

"En algún momento ocurrirá la convergencia de lo emergente y surgirá un mundo nuevo".

Barbara Marx Hubbard

Protocolo de acción para Ashley:

1. *Elabora un ataúd con papel o cartón, llénalo de paja o aserrín y entiérralo donde más te plazca. Así podrás hacer un cierre con papá y dejaras de resentir su abandono.*
2. *Haz un ejercicio de relajación tras el cual visualiza a tus padres, cada uno con sus luchas internas, sus contradicciones y sueños sin cumplir... Siente compasión por ellos y perdónalos.*
3. *Sabe que no tienes que hacerte cargo de tu madre ni protegerla; solo honrarla (y esto implica no juzgarla).*
4. *Admite tu tendencia a exagerar lo que sucede por el gran miedo y sufrimiento que viviste cuando eras niña... ¡y*

resuélvelo! Si sigues re-creando lo viejo te impedirás vivir situaciones nuevas.

5. Renuncia seguir aceptando la influencia excesiva de tus pensamientos, o los de los demás.

6. No sigas creyendo que eres una persona fría; averigua qué es lo que te impide estrechar a un otro, puesto que tus selecciones de pareja hasta ahora son solo la expresión de tu deseo de dar y recibir a nivel afectivo.

7. Perdónate a ti misma por haberte sentido incapaz de mostrar tu fuerza. Expresa desde hoy tu universo interior (que es muy rico).

8. Reconoce que ya tienes todo lo necesario para elegir una vida nueva y actúa, porque tu inacción ha sido hasta ahora tu manera de hacerte daño.

9. Acepta tu misión como gestora de la nueva humanidad y colócate en posición de líder. Lo que has vivido fue tu entrenamiento para guiar a otros. Si te detienes será un trauma, si pasas el umbral del miedo se convertirá en tu iniciación.

• • •

-VIII-

"Nunca he sido tan trágica", Camila (59)

Me siento impotente con mi hija; no llega a tiempo a sus compromisos, no termina nada... Le digo: "Tienes un monstro que está en tu imaginación. Solo vas a poder vivir si lo encaras cuando aparezca". Le explico de todas las formas posibles que lo único que importa en la vida es ser feliz... sin hacerle daño a nadie por supuesto. Pero ¡qué va! Cuanto más me acerco, más me maltrata. Tiene un vínculo especial conmigo, pero solo cuando quiere llorar; ¡entonces me busca! El padre dice que la trato como si estuviera loca. Es solo que necesito sentirme amada por ella. Le pongo cualquier pretexto para llamarla; necesito saber que está bien. Soy desconfiada, pero también necesito saber que se preocupa por mí. Le doy todo. "Tienes que luchar", le digo, porque no la ofendo ni le grito. Le doy buenos consejos.

"¡Nunca te empates con un hombre casado!" Pero ¡qué va!; no se le pega nada bueno...

Ella es de ir a psicólogos; yo no. Le gustan las terapias alternativas y esas cosas. Quería que fuera con ella a una cabaña de sudar para hacer no sé qué ceremonia. "No tengo tiempo", le dije... ¡No estoy para nada de eso! Luego me dijo que pidió por la paz de la familia, o algo así.

A mi hija le he dado mucho afecto porque es de lo que he estado falta yo. Mi historia con mi mama no fue feliz... He borrado muchas cosas. Mi esposo me dice que yo me olvido de todo. Nunca he sido tan trágica; son cosas que mi hija no sabe, ¡ni tiene que saber!

Mi hija desde que nació era como tres niños. Yo no podía hacer visitas con ella porque no se comportaba y se desesperaba. A mí no me importaba; la llevaba a los parques en vez. Para mi ella era mi oportunidad de ser feliz en la vida. En cuanto entró a la escuela la diagnosticaron con trastorno de falta de atención.

Por ese tiempo tuve un aborto espontáneo. ¡Yo no sabía que mi hija deseaba tanto ese hermanito! Repetía: "Cuando nazca mi hermanito ¿a quién vas a querer más? Yo le decía: "A los dos", pero seguía preguntando. Un día le respondí:

"¿A qué pierna quieres más tú?" Solo entonces dejó de preguntar. Cuando ocurrió la pérdida tuve que explicarle, porque me volvía loca haciendo planes. "Tu hermanito se enfermó y se fue al cielo". ¡Como lloró clamando por su hermanito! Sin embargo no habló conmigo; se expresó en la escuela...

Por cosas de mi país, no pude estudiar lo que quería. Cuando mi hija se me hizo abogada me dio una gran alegría; ¡Sentí que me realicé a través de ella! "He logrado todo lo que quería", pensé. Claro que me alegré por ella también. Yo siempre le he dicho: "Quiero que tengas tu profesión para que te cases por amor". No quiero que un día me diga que se siente fracasada a nivel profesional, ¡ni mucho menos que ha hecho un mal matrimonio por razones económicas!

En dos cosas la he chantajeado y lo reconozco: le pedí que estudiara francés y que terminara esa carrera. ¡Quería ser de los cuerpos de paz! Nada de eso; ¡ella tiene que ser todo lo feliz que yo nunca he sido! Sin embargo, al poco tiempo de empezar a trabajar me dijo que no le gustaba su profesión, que mejor quería hacer algo por la humanidad... "¡Entonces escogiste la profesión perfecta!" le dije... y pensé que me había escuchado... ¡Qué va! Hace unos días con toda tranquilidad me anuncia que va a estudiar medicina. "¡Medicina! ¿Con la deuda que todavía tenemos tu padre y yo por tu carrera? ¡No me hagas esto!" Me puse histérica. La vi tan diabólica como la abuela... Sé que he tratado de chantajearla en el pasado, pero no la he ofendido. Bueno, si la he ofendido, pero se lo tenía que decir. "¡Tienes la misma personalidad que tu abuela!", grité. Yo me quedé paralizada por lo que acababa de decir, y por un momento, ella también. "¿Cómo me vas a comparar con quien peor me cae en el mundo?" me preguntó. Me dejo fría... Nunca pensé que tuviera esos sentimientos... ¡Yo jamás dejé que mi madre la dañara a ella! En cuanto me repuse le expliqué el porqué de mi reacción y le pedí perdón. Sé reconocer mis errores y mis defectos...

Hace días que no me llama... ¡Ella es muy especial! Es un dolor para mí, y para ella. No quiero nada; lo único que quiero es que me mire con un poco de cariño. "Deja de decirle lo que hacer", me dice mi esposo. Él dice que con mi actitud la separo de mí, pero en el fondo sabe que tengo razón, que le pongo tareas que ella puede hacer... ¡Es que soy muy desesperada!

A veces pienso adoptar; ¡tengo tanto amor para dar! No sé si estoy haciendo bien. Siento que siempre he estropeado lo que yo quiero. Le tengo que dar la solución a esto.

¡Este círculo de sacrificio tiene que cerrarlo ella!

Camila sin duda ama a su hija más que a sí, porque en realidad no se ama. Es por eso que su amor tiene condiciones. Por eso la chantajea, la manipula, la extorsiona. No se da cuenta pero su carencia afectiva es tal, evidentemente porque careció de afecto materno, que siente que es su hija quien tiene que satisfacer esa carencia. Su marido a todas luces no desea desdecirla, con lo que no la ayuda a crecer, a salirse del papel de víctima en que se coloca...

Esta madre tiene un gran dilema: quiere que su hija vuele, que triunfe, pero atada con dos cuerdas; la del reconocimiento y el agradecimiento eterno... El inducto (y la expectativa) es que haga todo lo que ella no hizo... pero a la misma vez le reclama que se aleje; no la deja volar. La amenaza con toda clase de peligros para que no parta. Pero muy internamente se culpa porque intuitivamente sabe que para poder retener a un hijo hay que incapacitarlo... y se castiga por ello.

En su desesperación, Camila se vale de la artimaña del sacrificio; pariente pobre del verdadero amor que es aceptación del otro tal cual es. Al verse frustrada, sustituye la noción de sacrificio por otra pariente pobre del amor: la *preocupación. Para sostener una mirada preocupada hay que afirmar peligro constante, lo que constituye una maldición sobre su hija...*

Con la expresión de sus creencias irracionales, Camila no solo convierte la vida en una lucha sino que ella misma se convierte en una carga que su hija se rehúsa a asumir. Se relaciona con su hija no como madre, sino como una niña carente de afecto de sus padres, para que su hija la adopte. Nuevamente provoca el alejamiento de su hija. No como un rechazo hacia Camila, sino a la inversión de roles. Un hijo nunca es un padre; de manera que su distanciamiento es providencial. Pero Camila no logra verse a sí misma, sino que sigue proyectándose en su hija...

Camila permite que su hija al mundo, pero con un manual de instrucciones dictado por sus carencias afectivas. Si su hija lo introyectara, no sería libre para experimentar y vivir su vida. Como el padre le hace de polaridad a la madre, la hija dispone un rango de acción que le permite acercarse y alejarse en la medida que lo desee o necesite. Ese rango de libertad le rompe los esquemas a la consultante y la sume en la desesperación...

El arma secreta de Camila es la comparación. Cuando se ve arrinconada, la esgrime, pero en el momento en que establece un paralelo entre su hija y su madre se convierte en ella, pues hace exactamente lo que su madre haría... se manifestó su Mr. Hyde; la sombra de la que huye su hija.

Camila no conoció el amor maternal, y es evidente que trató en vano, de complacer a la madre. Aunque no funcionó, aquello quedó en su mente como "la" manera de relacionarse madre e hija y tiene la expectativa que su hija la complazca. Se ve que en el pasado la hija respondió como esperaba, intentando hacer feliz a su madre a través de su propia vida, pero sucumbió ante la imposibilidad de tal empresa. ¡Los tiempos han cambiado! Comenzó entonces un movimiento de alejamiento sistemático suscitando la angustia de la madre. Ahora el sentido de sacrificio de la consultante es en vano porque no hace eco en su hija. Interpreta esta acción como falta de agradecimiento que no se permite expresar. Percibe a su hija como una egoísta, insensible a su "necesidad".

Falla en mirarse en ese espejo y aprender de esa maestra que le está dando una gran lección de vida... ¡Ser Libre!

● ● ●

"Totalmente desprevenidos entramos en el atardecer de la vida. Lo peor de todo es que nos adentramos a él con la falsa presunción de que nuestras verdades e ideales nos servirán a partir de entonces".

Wayne Dyer

Protocolo de acción para Camila:

1. *Ve en busca de tu niña (interior) herida, dale un recurso para que pueda sanar y acompáñala a crecer hasta tu edad cronológica. ¡Ella te necesita tanto como tú a ella!*

2. *Identifica tus asuntos pendientes con tu propia madre y resuélvelos; están interfiriendo en tu vida.*

3. *Deshazte del sentimiento de culpabilidad que proyectas en tu hija constantemente.*

4. *Reconoce que pensar que sabes lo que a tu hija le conviene es un delirio; ella es su propia persona.*

● ● ●

5. Toma consciencia de que responsabilizar a tu hija de satisfacer tu carencia afectiva es directamente proporcional a su respuesta centrífuga.

6. Reconoce que tu hija es una adulta y comienza a relacionarte con ella más sanamente.

7. Permítete aprender de tu hija y caminar juntas un camino de evolución. ¡Celebra y disfruta el privilegio de ser su madre!

-IX-

"¡Preferí cargar con mi consciencia!", Marcela (44)

Mis padres se divorciaron cuando yo tenía un año y él se fue a otro país. Pasó un tiempo y mamá se echó una relación con un hombre, que duró como siete años. Él era alcohólico y abusador pero a su forma, a mí me quiso mucho. En algún momento, supongo que por molestarla, le dijo que cuando ella se fuera al trabajo, me iba a violar... Tenía yo diez años... En vez de dejarlo o denunciarlo, me embaló como un paquete y me mandó donde mi papá "de vacaciones por 3 meses". Terminé viviendo con él un año; ¡el peor año de mi vida!

Llevé ropa de verano, lógico. Llegó el otoño y pasó, el invierno y pasó, pero yo seguí vestida de verano y a nadie le importó. ¡Qué irresponsabilidad! Todo por la maldad de mi madrastra y la indiferencia total de mi padre.

Ese es el tipo de hombre que atraigo... ¡Qué bárbaro!

Cuando finalmente terminó aquella relación, regresé con mi madre. Mi vida a su lado fue peor. Como ella estaba sin pareja, todos los días se quería matar. Se tomaba frascos enteros de pastillas o abría la llave del gas... ¡Cualquier cosa! Y yo corriendo atrás de ella pensando que su muerte era lo peor que me podía pasar... ¡qué tonta! Así transcurrió mi adolescencia y primera juventud; con la locura de mi mama, con su menopausia y con sus dramas.

También era agresiva... bastante. Un día me agarró por los pelos y me reboleó. Cuál sería mi indignación que aun con una inflación del 400% en mi país, me independicé. El experimento duró poco, pero no por mí. Ella quedó sin trabajo y yo tuve que regresar porque como era yo la que trabajaba, ¡claro! ... y empecé a mantenerla.

Al tiempo comencé a salir con un chico, que resultó ser el amor de mi vida. La primera vez que estuvimos juntos íntimamente me quedé dormida y a las 5:00 de la mañana llegué a la casa. Mi madre me dio un cachetazo en el portal; me dijo de todo. Él la encaró: "Señora, no le hable así..." Ella lo interrumpió: "Sos hombre y te felicito. Así se trata a las putas como ella." El respondió: "No es ninguna puta, ¡es su hija! y yo a ella la quiero." Él fue el único que le paró las patas y bien, con respeto. De todos modos ella le pasó la sentencia y no pudo llegar a la puerta de mi casa por meses...

De él me hice un aborto. Pero no por él, sino por ella. Me imaginaba teniendo que ir a trabajar y dejar al bebé con mi madre. ¡Preferí cargar con mi consciencia por el resto de mi vida antes que hacerle eso a un bebé!

Él era mi compañero, y lo perdí en un accidente de moto. A veces me lo imagino como si estuviera todavía conmigo... lo veo pelado, con pancita... Después pienso que quizás no lo habría sabido valorar o que habríamos caído en la monotonía. ¿Quién sabe? Tal vez no hubiera crecido en ciertas direcciones que crecí teniendo que estar sola... No sé; el caso es que sentí un vacío tremendo. Tenía el dolor físico de no estar agarrada de la mano de él ¡y no tener a nadie que me pudiera bancar! Yo con tanto dolor y nadie se dio por aludido. El dolor de la pérdida fue tan fuerte que me tuve que ir de mi país. Pero el dolor vino conmigo...

• • •

Fue hace 21 años. Sola me abrí camino en este país. Cuando estaba establecida, mi madre se apareció sin pedir permiso. Dijo: "Voy para allá", y vino. Pusimos un negocio y fracasó. Como yo estaba bien económicamente, la empecé a mantener... ¡otra vez!

Como masajista de hotel de lujo ganaba buen dinero. Sin embargo no fui inteligente manejándolo. Estuve años fabulosa, pero me lastimé las manos. Durante un tiempo tuve un seguro que pagó mis cuentas y tratamientos. Cuando me cortó, volví a trabajar. El sacrificio fue demasiado grande. Al poco tiempo lo dejé; eran las cuentas o mi salud.

Conseguí un trabajo en una dependencia de gobierno; trabajo que detestaba. Me encerraba con una amiga en el baño a llorar todos los días. ¡El nivel de vibración era tan bajo! Puro chisme y ataque... no pude más y renuncié. Me estaba enfermando tanto drama. Me di el lujo de renunciar, pero ahora me siento como un trapo. Me dominan la culpa y la preocupación...

A todo esto mi mamá consiguió un apartamento y se fue; ahora vive mejor que yo. Es caradura y usurera. Me siento muy usada por mi mamá, por mis amistades y por los hombres. Llevo sin hablarle casi un año y no me importa más. Me dejó sin energía. Nunca le alcanzó nada. Nunca una gratitud. Nunca una apreciación. ¡Tiró bastante de la cuerda!

Pero me siento culpable y eso me da más rabia. ¡Yo tendría que poder procesar esto!

Hoy mismo me llamó. No contesté; no voy a joderme el día. Sabe que estoy mal y como quiera trata de sacar partido. ¡Pretende cobrar los favores que hice a otros! Intenté hacer ho' oponopono y no pude. Me fui a ver a mi perra. A veces tengo que fingir para no preocuparla a mi "hija". Un día la estaba llevando al parque y yo estaba torturada con el tema del dinero. Ella frenó en seco, se dio vuelta y me miró. ¡Yo sabía que me estaba rogando que parara con la cabeza!

A veces no me reconozco a mí misma. No tengo fuerza. Mi ansiedad es más que todo intelectual. Nunca me siento preparada para nada... ¡nunca! Es como si tuviera una voz en la cabeza diciéndome: "No estés tan tranquila." Y otra: "La gente no me entiende". Me pasa bastante seguido. Como recién, la primera semana de andar en bus porque perdí el auto...

Estoy muy cansada y me siento sola. Me sumo en la auto compasión. ¡No tiene sentido tanta lucha!

Ahora tengo 44 años y no tengo nada. Me reventé el cuerpo trabajando. No me cuidé a mí misma y nunca valoré mi propio dinero. Me sigo exponiendo a relaciones que no tienen futuro. ¡Todo el esfuerzo que hice hasta ahora fue solo... una mala inversión!

Marcela se ha lastimado las manos porque inconscientemente se niega a seguir haciendo cosas en contra de su voluntad. Llámese trabajar en lo que no quiere y/o con ese dinero mantener a su depredador: la madre. Lastimarse le ha dado la oportunidad de parar de hacer lo que la aleja del propósito y misión que trajo su alma. Su cuerpo le dio muchos avisos de que estaba al límite, pero ella estaba muy ocupada escuchando las voces de su mente desintegrada... Se extralimitó porque está corriendo un programa de auto-destrucción.

La consultante guarda mucha ira. Su discurso comienza con el divorcio de los padres, luego en su mente (consciente) no hay nada que rescatar del periodo anterior. La relevancia de este evento marca el comienzo de la fragmentación de su psique...

La esencia de Marcela ha "muerto" varias veces. Una parte de si murió de frio en un país extraño, que representaba la irresponsabilidad de unos padres que la abandonaron emocionalmente; este es un conflicto programante. Notar la cosificación de sí misma cuando relata que la "embalaron y la mandaron como un paquete". Al sentirse objeto se sintió tratada de manera infrahumana, sentimiento que por momentos aflora y que es parte del agravio que siente de parte de sus padres (y del desagravio que espera). Otra parte de ella se echó a morir sobre la tumba de su amado; este es su conflicto desencadenante.

Dice que tiene ansiedad intelectual porque Marcela es una mujer muy mental. Al no haber tenido nadie en su infancia que respondiera sus preguntas, se las hizo y se respondió a su vez, creyéndose las respuestas que se dio. Hoy vive de acuerdo a esas creencias que la tienen sumida en el pozo de su victimismo...

De todos modos Marcela tiene la capacidad de tomar consciencia, puesto que al describir a su padre, cae en cuenta que atrae al mismo tipo de hombre a su vida. Es lógico; es su introyecto masculino. Con todo y eso al culpar a la madrastra, lo rescata con el eufemismo de indiferente... Este "rescate" marcara un hito en su vida puesto que seguirá rescatando adultos a su espalda, con el consecuente lastre para su vida. Con el eufemismo exonera a los hombres, pero eso la deja en un lugar de profundo desprecio hacia su propio género... y consecuentemente, hacia sí misma...

Sus primeros modelos de rol femeninos le merecen los adjetivos de "irresponsable", "malvada", "loca" y "agresiva". Cuando regresó carente de amor y atención buscando el consuelo de la madre se encuentra a una mujer inmadura haciendo gestos suicidas porque no tiene un hombre al lado... Marcela pospone su carencia afectiva para rescatar a su madre, con lo que se convierte en niña parentificada.

Puede ser por esto que no deseó tener hijos... ¡ya había hecho eso! Culpa a su madre y podríamos pensar que es por la maldad o la locura de esta, sin embargo ni siquiera contempla la posibilidad de irse con "el amor de su vida" y tener el bebé en otro lugar. No; prefiere arrancar su producto y echarlo de sí. Ese podría ser una explicación, pero existe otra. Su hija/madre es una realidad ¡y ella no la abandonaría! De hecho nunca lo hizo y esa es parte de su rabia. Cuando inconscientemente se creó una circunstancia para que la madre por fin reciprocara (ocupándose de ella y cuidándola) aunque fuera a destiempo, la madre se marchó y se buscó la vida, ¡dejándola nuevamente a su suerte!

En su infancia Marcela llego a la conclusión que si nadie la quería seria porque ella no era un ser querible. Fue una decisión *infantil pero en su fuero interno, sigue creando realidad desde ese paradigma. Es la razón por la que no honra su cuerpo y lo ha marcado para demolición. Y así se siente... ¡cayéndose a pedazos!*

Otro de los focos de resentimiento y preocupación es el dinero. Marcela personifica el dinero y dice de que la "tortura". Además, asocia ganar dinero con reventarse. Como ya "se reventó", ahora no le queda más que ser pobre, achicándose cada vez más porque no encuentra a nadie que la mantenga a ella. Por supuesto que esto no la hace materialista o interesada; es solo su aspecto carente expresándose.

Marcela no tiene fuerza porque está en conflicto; su energía vital se va por la grieta de dos ideas encontradas. Es interesante notar que cada vez que da un paso adelante, algo le sale mal. Esto le confirma que no está "preparada" y vuelve a paralizarse. En su autocompasión, una de las formas de ira que abriga, siente lástima por ella misma y la lástima, lastima... Entonces se culpa, otra forma de ira, y la culpa siempre pide castigo. No se cuida, no valora el dinero y se expone a relaciones sin futuro... todo esto en su búsqueda desesperada de gratitud y apreciación. Sin embargo estas le eluden porque solo las encontraría donde no las ha buscado;

dentro de sí. Este es su conflicto... auto-programante.

Hay que hacer un aparte para mencionar la perra de Marcela; el único ser por el que se siente amada. Los perros nos modelan fidelidad (así como los gatos, independencia), algo que para la consultante es vital. Sin embargo, aunque ella recibe telepáticamente los mensajes de su perra, busca como burlarla porque lo que tiene que aprender de su compañera canina es la lección de ser fiel a sí misma...

"Encuentra el sentido de tu vida y conviértelo en tu meta".

Carl Jung

Protocolo de acción para Marcela:

1. Elabora el duelo de tu sentimiento de orfandad (1), del proyecto de vida que sucumbió con el aborto (2) y la muerte de tu pareja (3).
2. Ábrete a la realidad que las almas tienen libre albedrio y si tu amado se fue, alguna razón habría. Reconoce que con su muerte lo has idealizado y bájalo del altar de idolatría en el que lo has colocado.
3. Reconoce que la culpa es un sentimiento inútil y contaminante; ¡para con la culpa!
4. Decide no responder a las expectativas de otros, aunque ese "otro" se llame "madre".
5. Honra tu cuerpo y respeta sus límites.

6. *Sé más flexible contigo misma, así te será más fácil responder a tus necesidades. Permítete obtener ayuda, orientación o lo que desees.*

7. *Concédete el derecho a utilizar tus manos solo para hacer lo que te plazca sin miedo a no estar a la altura de la circunstancia o a equivocarte.*

8. *Acepta que mereces realizar un trabajo divertido sin hacer grandes esfuerzos.*

9. *Da y recibe con amor; no con miedo, culpabilidad o expectativas.*

10. *Toma consciencia de tu fuerza interior. Decide tu rumbo y dirígete hacia lo que realmente quieres.*

-X-

"Pensar que la voy a ver… ¡me da de todo!", Caridad (72)

Cada vez que voy a mi país me pongo muy mal. No por las cosas que allí pasan, sino por mi mamá... Me da ansiedad, insomnio y ataques de pánico... ¡Me enfermo nada mas de pensar en el viaje! Pero a la vez tengo allá a mi hija, nietos y un biznieto. Voy por ella y los suyos que son mi familia.

Con mamá me siento obligada. Antes la veía grande, imponente... Ahora es un guiñapo. ¡No puedo abandonarla a su suerte! Preferiría darle el dinero o las cosas y que me relevara de la agonía... Pensar que la voy a ver me da hasta gripe, ¡me da de todo!

Mi hija tiene problemas. A cada rato se pone mal y se quiere suicidar. A ella tengo que proveerle todo, pobrecita, porque si no, se las ve negras. Mi hijo no me preocupa tanto ahora, aunque también lo pasó mal. La mujer le fue infiel y parece que el otro hombre no le respondió, así que se trató de suicidar. El volvió con ella porque los hijos estaban sufriendo demasiado. Yo la sigo tratando porque mi hijo la quiere y es buena madre; vaya, no es mala con sus hijos.

Desde que tengo uso de razón, no me siento plena, me siento insatisfecha. Uno debería sentirse pleno. No tengo solución.

Toda la vida viví esperando el momento de hacerle una pregunta a mi mamá. Pregunta que siempre se me estrangulaba en la garganta... ¿Por qué cuando se divorciaron me dejaron en otro pueblo? Finalmente reuní el valor cuando ella supuestamente estaba en su lecho de muerte. La respuesta fue: "Porque tu papá era muy tacaño y yo era muy joven". ¿Qué clase de respuesta es esa, tú? No es una justificación, pero vamos a aceptarla. ¿Para qué la iba a atormentar? Total, ya sabía la respuesta. Por supuesto en aquel momento no murió ni sospecho que muera muy pronto... ¡Esa todavía va a enterrar a unos cuantos más! Pero me da pena que no siento por ella lo que espero que mis hijos sientan por mí...

• • •

Mi mamá le puso los tarros a mi papá y él, pobrecito, en el infierno de un pueblo chico, quedó tan devastado que no pudo hacerse cargo de mí. O quién sabe, a lo mejor me protegió de criarme con el "tarrú", el hazmerreír del pueblo...

Igual sigo sin entender cómo es que no fui importante para ninguno de mis padres, que pudieron prescindir de mí como si yo no hubiera nacido... ¿Cómo fue que mi tía tuvo más amor por mí que ellos? o ¿Por qué ellos siguieron su vida tan confiados en que yo estaba bien? ¡Eso no me cabe en la cabeza!

Con mi tía no tenía camita ni nada. Viví con ella desde los 8 años hasta los 16, cuando me casé. Ella me crió y me amó mucho; no me puedo quejar. Y dentro de lo pobre, me dio todo lo mejor... Imagínate, ¡era solterona!

Mi tía me repetía: "Hay que casarse porque si no, metes la pata" o "Búscate un novio y cásate, no vaya a ser que metas la pata". Pobrecita: tenía obsesión con eso. Y me casé... ¡Me casé con uno que me hizo la vida imposible!

Mi marido me celaba... Me amenazó con un puñal una noche, estando yo dormida. Lo clavó en la mesita de noche y desperté dando gritos. Otra vez se cubrió de felpa y se echó alcohol... ¡dijo que se iba a dar candela! Me asusté tanto que me desmayé. Finalmente me le escapé con mis hijos a otra provincia y a pasar trabajo... ¡Toda mi vida fue puro martirio!

Después del trago amargo de ir a mi país viene el otro... las cuentas que tengo que pagar... Cada vez que voy me endeudo y luego no hallo con que pagar las tarjetas de crédito. Allí no tienen idea de lo que paso para proveerles, siendo que vivo de mi jubilación. Cuando regreso siento que me va a dar el ataque de pánico porque no tengo con que pagar; ¡es lo peor que me puede pasar!

Caridad llega al consultorio con lo que parecería una fobia específica. Sin embargo muy pronto nos damos cuenta que está somatizando su resentir hacia su madre.

La figura de la madre es simbólicamente el corazón del hogar. La madre de Caridad se va con otro hombre, lo cual no es frecuente para la época pero tampoco algo inaudito. Lo que resulta inusual es el hecho que lo hace dejando atrás su hija. Con esta acción deja claro varias cosas que son difíciles de asumir para la consultante, pero que la atormentan internamente. Estas son:

1) La madre no es lo suficientemente hembra para llevarse su cría o la rechaza abiertamente como el producto de una relación insatisfactoria; de un hombre que no dio la talla.
2) El padre queda en evidencia como un macho caído, que no es hombre para retener a su hembra ni para cuidar de su cría...

Caridad ha perdido las referencias familiares. Siente que sus progenitores le han inferido las 5 heridas de la infancia: rechazo, abandono, traición, humillación e injusticia... Así, su niña interna queda desvalorizada frente a sus padres, frente a los demás y por lo tanto en su fuero interno...

Esto genera en Caridad un sentimiento doble de carencia. Por un lado carencia afectiva (función materna) y por otro carencia económica (función paterna) porque en un sentido simbólico, es huérfana. No se siente merecedora de nada bueno porque ha sido desheredada. La herencia es fruto de la legitimidad y la consultante se siente una recogida. Su ansiedad generalizada proviene del miedo al castigo que prevé por su secreto deseo de restitución y venganza. La culpa que esto genera la hace mostrarse merecedora y compasiva, lo que redimiría al clan, pero como es una máscara, el esfuerzo que hace en fingir la deja drenada en su energía vital, y con la creatividad bloqueada para generar dinero.

Por más amor que le brindara su tía, la vida de Caridad quedó barrada, con un antes y un después. Por eso la consultante parecería incapaz de vivir el momento presente. Habla mucho de su pasado, de lo que vivió y de lo que le sucedió; pero también se preocupa sin cesar por lo que podría llegar a pasar...

• • •

Presa de las creencias irracionales que la sumen en la desesperanza, ha crecido con una perplejidad que la corroe. Cuando finalmente se atrevió a articularla, no recibió la respuesta que habría sanado su niña herida.

Así, cuéstele lo que le cueste, va al rescate de su hija respondiendo a la pulsión de demostrar que es una "buena madre", a diferencia de la suya. Se cree indispensable en la vida de sus hijos y no repara en que a estos tampoco les ha ido bien, a pesar de tener lo que ella percibe que le faltó...

Como siente que su madre no le dio nada, se siente "nada" ante ella. Comunicar lo que siente le parece que sería "atormentarla".

El intento de suicidio de su hija es resultado de la transmisión generacional, tanto del "no" categórico que da Caridad a una situación que se niega a aceptar. Así, crece su amargura interior con relación al amor. La creencia de base es que el amor es sufrimiento. Interesante es notar que su hijo atrae una hembra que es tanto infiel como suicida potencial...

Caridad tiene un tono de docilidad, pero en realidad vive con una gran ira interna y *rechaza profundamente ese sentimiento, lo que la hace estar en incoherencia. Se castiga por tenerlo siendo dura consigo misma, y no concediéndose el derecho a detenerse o a hacer lo que le gusta. Esto aparece en su discurso como dificultad de pedir lo que necesita. Su pensamiento mágico es que los demás son adivinos y le darán lo que precisa. Como los otros no responden a sus expectativas, se decepciona y siente amargura y rencor. Incluso pueden abrigar deseos de venganza, aun cuando se siente impotente. Esto le hace experimentar una ira que reprime muy bien, hasta que empieza a somatizarla...*

Quiere recibir, de hecho está a la espera de cariño, está ávida; pero nunca tendrá lo suficiente hasta que deje de dar y empiece a pedir. Está en el discurso de la cultura que dar es mejor que recibir... este es el lema de Caridad... y así le va. Tanto desequilibrio se crea por tomar siempre (recibir solo para sí), como por dar siempre, sin abrirse a recibir o permitirse recibir. Si no equilibramos esa función (que es una sola), la vida nos pondrá a pedir...

"Hay tanta gente deprimida en el mundo porque el juego de la vida no es tan divertido como ellos esperaban".

Ram Dass

Protocolo de acción para Caridad:

1. Tan pronto como sientas que entras en una crisis de ansiedad, toma consciencia que es tu imaginación la que toma el control y ¡confróntala!

2. Reconoce que no son las circunstancias de tu vida sino las emociones las que te paralizan; ¡deja de acumularlas!

3. Revisa por qué te resulta tan difícil pedir lo que necesitas. Una vez hayas enfrentado tu verdad... ¡Pide!

4. Acepta la idea que te puedes permitir decir "no" cuando no quieras hacer algo y, si decides hacerlo, hazlo con placer y sin auto-inquisiciones inútiles.

5. Si lo que buscas con tus acciones es reconocimiento, ¡confiésalo! No tiene

nada de malo buscar reconocimiento haciendo cosas para los demás. Lo que elijas hacer, hazlo con alegría; la vida te parecerá más agradable y fluirás con la abundancia de la vida.

6. Lee sobre la etapa de Integridad vs. Desesperación descrita por Erik Erikson. Completa tu propio ciclo vital y deja un legado digno a las generaciones que te suceden.

7. Disfruta tu presente, que es un regalo.

Petición de un hijo(a) a su madre (y padre):

1. No me culpes por las circunstancias de mi concepción, ni por el progenitor que me seleccionaste, ni por la calidad de tu vida tras mi nacimiento; YO SOY una bendición, no una desgracia ni una vergüenza.

2. Procura siempre ser un orgullo para mí; recuerda que eres mi principal ejemplo.

3. Nunca me preguntes si quiero más a mamá o a papá, ni me digas que soy tuyo, porque eso excluiría la mitad de mí. Permíteme vivir en integridad.

4. No me compares con nadie; más bien destaca y alienta mi unicidad. Sobre todo no me compares negativamente con mi progenitor(ra). Mejor dime lo bello, inteligente y bueno que YO SOY, sin condiciones... tu mejor visión para mi es la única bendición que necesito para triunfar en todas las áreas de mi vida.

5. No proyectes en mi tus sueños y deseos incumplidos. Yo traje mi proyecto de

vida, el que entorpecerás si de alguna manera me manipulas a cumplir el tuyo.

6. Invierte tiempo, atención de calidad y amor incondicional en mí cuando lo necesito y me verás florecer funcional, independiente y feliz. Así evitaras tener que cargarme a tu espalda, o verme sufrir lo indecible...

7. No me pongas sobrenombres, no me ridiculices ni te rías de mí. Si me dices cosas feas, aprenderé a aceptar que otros me las digan; primero serán mis padres y después, mis pares, figuras de autoridad y parejas.

8. No me critiques, no me grites, no me insultes ni me castigues... solo explícame claramente lo que esperas de mí y modélame la acción correcta.

9. Nunca me digas algo tan semejante como: "¿Quién te crees que eres?" Si lo haces, creceré convencido que no soy nadie. Así, cuando quieras que "sea alguien" no podré, porque toda mi vida solo habré procurado obedecerte.

10. Enséñame cosas útiles como disciplina y organización, a manejarme con el dinero, a comunicarme mejor, a ser proactivo y a elegir pareja. Luego confía en mí para que yo pueda poner en práctica lo aprendido.

11. Enséñame con tu ejemplo a alimentarme bien, a ejercitarme, a cuidar y respetar mi cuerpo.

12. Si te digo que no me gusta que juegues de manos conmigo o que me hagas cosquillas, respeta mi "no". Solo así sabré hacer valer mi "no" en otros contextos a su debido momento.

13. No me hables de "peligros", háblame de metas; así el sabré claramente en que enfocarme.

14. Dime la verdad cómo y cuando sea apropiado; no me perturbes con tus desarmonías, pero por favor no me mientas. Para mí es importante saber el porqué de las cosas que me atañen. En mi nivel de comprensión, si me hablas desde el corazón yo puedo entenderlo todo.

• • •

15. Guárdate tu intimidad. Buena o mala, no la compartas conmigo. Los detalles de tu vida sexual no son de mi incumbencia.

16. Permíteme que te diga lo que pienso porque lo que no expreso tortura mi mente y enferma mi cuerpo.

17. Permíteme expresar mis estados emocionales aunque estén desarmonizados, validándolos cuando tenga razón o normalizándolos cuando esté sobre- reaccionando. De esa manera me sentiré apoyado y aprenderé a gestionar mis emociones.

18. Presta atención a los depredadores; sobre todo si son adultos, sean de la familia o no; cercanos a la familia, vecinos o docentes. El acoso de un par, si es equivalente, se supera con menos dificultad que el de cualquier figura de autoridad.

19. Permíteme poder en mi relación contigo; el chico que tiene poder en la relación con sus padres hace valer sus derechos y yo necesito practicar hacer valer los míos.

20. Dame libertad para que yo aprenda la responsabilidad que entraña.

21. Permíteme experimentar las consecuencias de mis actos. Si pretendes "salvarme", me condenas.

22. No procures que yo no tenga que pasar por lo que tú pasaste; eso es trauma. Críame con amor, no con miedo.

23. Dame lo suficiente como para que haga algo, pero no tanto como para que no haga nada.

24. Alienta mi creatividad, no mi obediencia. Si matas mi creatividad seré menos de lo que puedo llegar a ser. Si me inculcas obediencia ciega, escucharé cualquier voz que no sea la mía.

25. No me robes mi experiencia de vida; cuando sea mi momento y esté preparado para volar, mírame con orgullo y déjame ir. Luego felicítate... ¡Ya hiciste tu trabajo!

Petición de un hijo(a) a sus padres separados o divorciados:

1. Padres, si han de separarse para ser más felices, háganlo en armonía pero no me abandonen; síganme cuidando y queriendo de manera que yo así lo sienta.

2. Sepárense o divórciense si están seguros que es mejor para todos los involucrados, pero háganlo con tanto o más amor del que sirvió para unirlos. Si así lo hacen, entenderé todo lo que me expliquen.

3. Eviten vilificarse para que yo nunca tenga que escuchar insultos entre mis padres ni observar actitudes agresivas o pasivo-agresivas. Eso me crearía un conflicto de lealtad.

4. Recuerden que tengo dos padres y que siempre quiero tenerlos a ambos. No quiero tener miedo de mostrarles mi amor; permítanme poder amarlos a ambos por igual.

5. Madre/Padre: Nunca me hables mal de mí progenitor(a); siempre recuerda que tú me lo elegiste. No hay forma de odiarle sin odiarme también a mí mismo porque ustedes ambos son parte de mí...

6. No me utilices como arma arrojadiza ("ahora te lo llevas"); sentiría que te deshaces de mí a conveniencia.

7. No me secuestres ("ahora no lo vas a ver"); ni me maltrates. Si puedo compartir sanamente tanto con mi padre como con mi madre, creceré integrado en mis arquetipos masculino y femenino.

8. No me interrogues sobre la nueva casa, la nueva pareja o la nueva familia; lo único que importa es si estoy bien o no; yo no soy un espía.

9. No me metas en tu cama porque necesitas compañía para sacarme después cuando la tengas; yo no soy un mueble.

10. No me digas que yo ahora soy "el hombre de la casa" o "la mujer de la casa". No fue mi decisión que seamos una familia

uniparental; permíteme vivir las etapas de mi desarrollo.

11. Recuerda que en los hijos una relación nunca termina; el 50% de mi padre y el 50% de mi madre siempre cohabitan. Estímense para que dentro de mí estén reconciliados. Si en verdad me aman y desean verme funcional y feliz, respétense, sea cara a cara, a distancia, o incluso detrás del velo...

12. Hónrame, YO SOY un regalo de la vida para darte la oportunidad de darme lo mejor de ti y en su momento, recibir con los brazos abiertos y el corazón humilde, lo mejor de mí.

Afirmaciones para los hijos:

1. Aunque mis padres no me quisieron como me habría gustado que me quisieran, reconozco que me han querido como mejor supieron y pudieron.

2. Aunque mis padres no me cuidaron de la manera que ahora juzgo que tendrían que haberlo hecho, o si no me dieron lo que ahora creo que tendrían que haberme dado, hoy dejo de juzgar y de albergar creencias irracionales. Con solo imaginar algo peor que hubiera podido pasar, me doy cuenta que hicieron lo suficiente y me dieron lo suficiente.

3. Aunque mis padres no me dieron el reconocimiento que yo esperaba, hoy elijo reconocer mis múltiples méritos y aceptarme como un ser humano valioso.

4. Hoy reconozco que si no me amo no amo a nadie, así pues renuncio al victimismo y decido amarme, para poder amar a los demás y vivir una vida plena.

• • •

5. No procuro hacer lo contrario de lo que mis padres hicieron conmigo; eso sería seguir actuando en base al dolor. Hoy sano cualquier resentir que tenga contra mis padres, y desde mi libertad, elijo ser el mejor padre que puedo en base a mi amor hacia mismo y a las necesidades específicas de mi hijo (o de cada uno de mis hijos).

6. Hoy entiendo que mis padres tal vez no fueron los que yo quería, pero si los que necesité.

7. Hoy reconozco que mis padres son mis espejos; que no tengo derecho a juzgarlos, y decido honrarlos porque me han mostrado mis aspectos negados.

8. Hoy acepto mi responsabilidad por haber elegido a mis padres como los mejores maestros para lo que necesitaba aprender.

9. Hoy pido perdón y me perdono por mis expectativas para con mis padres y soy capaz de aceptarlos totalmente, con virtudes y defectos.

10. Hoy reflexiono sobre sus sueños incumplidos para poderme cuidar y proveer, y les agradezco que me hayan dado el ser y la oportunidad de hacer mi vida.

11. Hoy tomo su fuerza y avanzo; ¡ahora soy capaz de dejar fluir el amor!

Glosario

Acto psicomágico = Según el creador de la psicomagia (disciplina artístico-terapéutica), Alejandro Jodorowsky, es un acto mágico-simbólico -sagrado que enlaza el <u>chamanismo</u>, el <u>psicoanálisis</u> y el efecto <u>patético</u> del <u>teatro</u>. La premisa es que el inconsciente toma los actos simbólicos como si fuesen hechos reales, de manera que se podría modificar el comportamiento del <u>inconsciente</u>, y por consiguiente, si estuviese bien aplicado, curar ciertos <u>traumas psicológicos</u>. Estos actos deben ser diseñados a medida del consultante y se prescriben después que se analizan sus peculiaridades individuales, e incluso se estudie su <u>árbol genealógico</u>.

Alienación parental = Fenómeno en el cual un niño denigra e insulta al progenitor que no vive con él, puesto que el progenitor custodio le ha transformado la conciencia con objeto de impedir, obstaculizar o destruir sus vínculos con el otro progenitor.

● ● ●
153

Alma de la familia = Según las Constelaciones Familiares de Bert Hellinger, fuerza que cuida de la pertenencia y bienestar de los miembros de una familia, para que cada uno sirva al grupo. De esta manera conduce al "clan" hacia una dirección. Si no se procura el beneficio grupal, un malestar, la culpa funge como sentimiento regulador que reorienta al individuo hacia el bienestar de todos.

Apego inseguro = La teoría del apego de John Bowlby establece que los niños que se crían con padres o cuidadores (figuras de apego) inconsistentes en la disponibilidad o las muestras de afecto, tendrán luego un patrón de relaciones dominado por la desconfianza, porque esta modalidad de apego habrá interferido negativamente su capacidad exploratoria.

Arquetipo = Patrón ejemplar del cual otros objetos, ideas o conceptos se derivan. Según Platón, los arquetipos son formas sustanciales de las cosas que existen eternamente. De acuerdo con Carl Gustav Jung, se trata de aquellas imágenes ancestrales autónomas que son constituyentes básicos del Inconsciente Colectivo de la Humanidad.

Aspecto = De acuerdo con la Técnica de Liberación Emocional (EFT por sus siglas en inglés, también conocido como "Tapping"), algunos asuntos no terminan de resolverse pues están compuestos de muchas partes o aspectos. Pueden ser pensamientos, creencias, impresiones o emociones, etc. que, a los efectos del inconsciente, son temas separados. Un consultante generalmente no hará esta distinción pero para que haya mejoría, hay que detectarlos todos para trabajarlos cada uno por separado.

Barradura psicológica = Perplejidad causada por un evento real o simbólico que tiene función de corte, estableciendo así un "antes" y un "después" en la historia de una persona.

Bioneuroemoción = (Antes Biodescodificación) Procedimiento desarrollado por Enric Corbera y su grupo, basado en la nueva medicina germánica de Ryke Geerd Hamer, la descodificación biológica original de Christian Flèche, la psicogenealogía de Alejandro Jodorowsky, la memoria celular de Marc Fréchet, la psicosomática de Georg Groddeck, la biología total de Claude Sabbah, etc. junto con la base metafísica del libro *Un Curso de Milagros*. La premisa es que la enfermedad es un programa biológico de supervivencia y adaptación a un acontecimiento tan chocante que se reprime; al no quedar finalizado se fija en el tiempo. Una vez revelado el conflicto (bioshock), se trata con hipnosis ericksoniana, PNL, o Sofrología como intervenciones principales, logrando descodificar numerosas enfermedades físicas.

Chivo expiatorio = Aquel que carga (o a quien "se hace cargar") con los pendientes emocionales inconscientes de una familia. Generalmente son las personas sensibles a la sombra familiar (lo que hay oculto en la familia y su consecuente sentimiento de culpa). De acuerdo con la psicoterapia sistémica/ transgeneracional, es un miembro tan fiel a la familia, que con su problema ayuda a mantener la cohesión del grupo. En ocasiones es el señalado, denominado también como la "oveja negra".

Clan = Concepto que se remonta al origen de la raza humana, cuando existían pequeñas comunidades, donde todos vivían juntos y actuaban de la misma manera, cuidando el bienestar del grupo sin tener deseos individuales, ya que de no salirse del grupo dependía la supervivencia (del individuo y del propio clan).

Conflicto = El remanente de cómo alguna vivencia ha afectado a una persona. De acuerdo con la Bioneuroemoción, detrás de los síntomas físicos siempre hay uno o más conflictos. Los hay de muchos tipos y se dividen en dos categorías principales: ***programante*** y ***desencadenante***.

Hay que aclarar que existen situaciones tan chocantes en la vida de una persona que pueden ser conflicto programante y desencadenante a la vez.

1) **Conflicto Programante** - Impacto emocional provocado por algún evento exterior al individuo que graba cierta información en el inconsciente, probablemente sin provocar ningún síntoma. Normalmente se vive entre la concepción y la adolescencia, etapa en que la mente y la biología están muy receptivas y funcionan particularmente a la par. El **conflicto auto-programante** no necesita de un evento exterior. La persona se auto-programa con sus creencias y su forma de ver el mundo de manera que se crea para si un conflicto que luego se alimenta de sí mismo.

2) **Conflicto Desencadenante** – Impacto emocional que guarda relación con un programante en el tono emocional y cuando aparece, abre y activa el conflicto anterior, desencadenando un síntoma o enfermedad como una reacción biológica de supervivencia. El tratamiento ha de empezar por aquí pero hay que desactivar

el conflicto programante para que el síntoma o enfermedad entre en remisión.

Conflicto de diagnóstico = La impresión que se recibe cuando un especialista diagnostica una condición, sobre todo grave, si se vive como un shock biológico. En esta especie de trance, se incorpora la creencia de esa figura de autoridad junto con significados personales asociados. La persona queda atrapada en esa creencia que no es suya. También conocido como **Shock de diagnóstico.**

Decisión infantil = Promesa que se hace un niño cuando aún no tiene madurez para tomar decisiones. Por ejemplo: "Cuando sea grande voy a fumar como mi papa" o "Cuando crezca no voy a ser como mi mama." Una muy común entre las mujeres estériles es: "No voy a tener hijos para que no pasen lo que yo pase", etc.

Deseo pasivo de muerte = Pensamiento recurrente de aniquilación que puede ser verbalizado o solo pensado, pero siempre sentido. La persona no se suicidaría, pero gustosamente moriría porque no ve el fin a la situación que la agobia. Piensa por ejemplo: "Me gustaría acostarme a dormir y no despertar" o "Si muriera, todo esto acabaría de una vez". Es uno de los síntomas clásicos de la depresión.

Diferenciación = La habilidad que tiene un sujeto de separar su funcionamiento intelectual y emocional de aquel de su familia de origen. El término fue acuñado por Murray Bowen, quien tenía una escala para medir el progreso de una persona desde *poco diferenciado* hasta *bien diferenciado*.

Discurso del paciente = Término psicoanalítico que denomina el relato que trae el cliente al consultorio y que constituye el material de análisis. Es la explicación que damos a nuestros problemas, que, si fuera cierta, no tendríamos ningún problema. El tema es que buscamos explicaciones (excusas, razonamientos, etc.) en la mente consciente, cuando las verdaderas causas de nuestros retos se encuentran en Programaciones Inconscientes, que corren en automático.

Elaborar un duelo = El transcurso del proceso desde que una pérdida se produce hasta que se supera. Se trata de la vivencia de adaptación emocional que sigue a cualquier pérdida (el fallecimiento de un ser querido, el fin de una relación o un empleo, la pérdida del país por un proceso de emigración, etc.). Esta elaboración incluye la respuesta emocional de la pérdida en sus dimensiones mental, emocional, conductual, física y social.

Emergente = El nuevo producto que resulta de una situación previa; el adelantado de una era.

Espejo = Persona que nos refleja aquellas características que querríamos ocultar conscientemente, pero que inconscientemente somos... o juzgamos. En el espejo (el otro) proyectamos nuestro aspectos negados, y nuestra inconsciencia produce la ilusión de la separación. Nacemos en medio de relaciones y procuramos relacionarnos con otros en diferentes contextos a lo largo de la vida porque el amor es magnetismo; energía de unión. El espejo existe para asegurarnos que lleguemos a la verdad primordial que todo es uno.

Estadío del espejo = Concepto de la teoría de Jacques Lacan que designa una fase del desarrollo psicológico del niño comprendida aproximadamente entre los seis y los dieciocho meses de edad. Se trata de aquella etapa en la cual el niño se encuentra por vez primera capacitado para percibirse, o más exactamente, percibir su imago corporal completa en el espejo. En esta fase se desarrollaría el YO como instancia psíquica.

Trabajo con el espejo = Ejercicio propuesto por Louise Hay, que consiste en mirarse a un espejo sistemática y concienzudamente (cara primero y cuerpo desnudo después). La idea es permitir que afloren las emociones ocultas y los diálogos internos que este suscita, para identificar programaciones y desenmascarar falsas identidades. La fase final es la reprogramación mediante *Afirmaciones Positivas*.

Factor de atracción = Está constituido por el pensamiento predominante de una persona en cada momento dado. Esto establece una emoción, un sistema de creencias y por lo tanto, una experiencia de vida. Si la experiencia de vida es insatisfactoria, hay que tomar consciencia del factor de atracción y cambiarlo.

Figura de apego = Persona con la que se procura establecer una relación cuyo objetivo más inmediato es la búsqueda y mantenimiento de proximidad en momentos de amenaza, ya que proporciona seguridad, consuelo y protección. El término proviene de la Teoría del Apego de John Bowlby.

Fobia específica = Miedo persistente e irracional a un determinado objeto, animal, actividad o situación que ofrece poco o ningún peligro real. Las más comunes son: sangre, inyecciones (y otros procedimientos médicos), ciertos animales (por ej. arañas, perros o serpientes), espacios cerrados, lugares altos, relámpagos o volar.

Foco delirante = Sentimiento de injusticia que se convierte en el motivo central recurrente de una persona; como el leitmotiv de una obra literaria o cinematográfica.

Ganancia secundaria = Beneficio significativo (o conjunto de beneficios) devengados de una enfermedad o problema que no existen cuando se está sano. Los más inmediatos son atención y cariño. Otro posible puede ser la supresión temporal de las obligaciones habituales.

Heridas de la infancia = De acuerdo con Lise Bourbeau, *Rechazo, Abandono, Humillación, Traición* e *Injusticia* son las 5 heridas que impiden ser uno mismo.

- El adulto con la *herida de rechazo* tendrá la tendencia a rechazarse a sí mismo y a los demás, así como las experiencias placenteras y de éxito. Se convertirá en huidizo" por tener la creencia errónea de ser poco merecedor.

- El adulto con la *herida de abandono* tenderá a abandonar proyectos y parejas. Se convertirá en dependiente, hasta que tome consciencia de su carencia y se haga responsable de su vida y supere su sentido de soledad.

- El adulto con la *herida de humillación*, suele ser inseguro, tímido e indeciso y en lo más profundo de su ser se siente culpable y no cree tener derechos elementales; incluso puede dudar de su derecho a existir. Se convertirá en masoquista.

- El adulto con *herida de traición* no se permite confiar en nada ni nadie. Su mayor miedo es la mentira y se convertirá en controlador. La mayoría de quienes experimentan celotipia tuvieron vivencias de traición en su niñez.

- El adulto con *herida de injusticia* se comportará de manera rígida. Tenderá a buscar la perfección por su gran temor a equivocarse, lo cual le trae mucha frustración. Su gran reto para sanar es buscar la flexibilidad y la humildad.

Hay que trabajar en la sanación de estas heridas para dejar de repetir patrones conductuales disfuncionales y evitar la transmisión generacional.

Herida Primigenia = El sentimiento de separación (unos dice que de Dios, otros de la madre), raíz y origen de todos nuestros "males" psíquicos y espirituales. En algunas filosofías se refiere a la autoconsciencia de la muerte.

Hijo Parentificado = Hijo(a) que cumple el rol de madre o padre, papel que no le corresponde. Puede convertirse en "héroe" o "rescatador", pero siempre buscando agradecimiento y apreciación. Cuando llega a mayor, abierta o encubiertamente resiente que no haya podido vivir las experiencias propias de la infancia o adolescencia. Algunos se niegan la experiencia de ser padres o no se ocupan de sus propios hijos todo lo que pudieran, si no hubieran llevado a cabo ya esa función.

Imago = La imagen inconsciente del sexo opuesto (o lo que se busca en la pareja) que llevamos dentro y que hemos introyectado de los padres. La *Terapia Imago* procura que los miembros de una pareja se hagan conscientes de estos modelos, en muchas oportunidades errados, para que sean libres de ser ellos mismos y aceptar a su pareja en su ser esencial.

Individuación = En la psicología analítica de Carl Gustav Jung, el proceso que engendra un individuo psicológico, es decir, una unidad aparte e indivisible (in-dividuo); un Todo.

Inducto = Creencia inducida, casi siempre por repetición, que funciona como un mandato inconsciente (igual que una sugestión hipnótica).

Introyectado = Mensajes de nuestras figuras de autoridad que rigen nuestra vida desde la inconsciencia. Como son inductos de miedo, tendemos a obedecerlos ciegamente. Cuando los identificamos, podemos deshacernos de ellos fácilmente porque son solo creencias irracionales.

Introyección = Mecanismo de defensa por el cual las amenazas externas se internalizan, pudiendo neutralizarlas o aliviarlas. La introyección de un objeto o sujeto amado (por ej., una persona de gran importancia para el individuo) reduce la ansiedad que produce el alejamiento o las tensiones que causa la ambivalencia hacia él.

Introyecto = Se refiere al mecanismo interno por el cual una persona incorpora o internaliza lo que le hacen, o le dicen. Así por identificación, se hacen propios rasgos o conductas de la personalidad de otros.

Lugar sin lugar = El no-lugar destinado a la persona que en su familia, es "invisible" y su voz no se escucha; simplemente no es tomada en cuenta. Suele ser un hijo no deseado o del sexo contrario al esperado.

Macho alfa = En animales sociales, es el individuo en la comunidad con mayor rango, a quien los otros siguen. En humanos esta expresión se refiere a un hombre en una alta posición, similar a la masculinidad hegemónica. Un hijo puede llegar a querer ser el alfa en su familia, así como mujeres separadas o divorciadas pueden pedirle a un hijo varón que asuma el rol del "hombre de la casa".

Macho caído = Un hombre que no ejerce el rol que en una sociedad dada se considera masculino. Este tipo de hombre usualmente ha sido "castrado" por la madre y si logra la diferenciación de su familia de origen, busca una "mujer con falo" (que ejerza la función masculina de esa sociedad).

Miembro sintomático = En el discurso de la familia es el que "tiene problemas". Puede ser calificado desde "enfermizo", "inestable", con "mala suerte" hasta el que "arruina la vida" de los demás, pero en realidad es *el portador de la disfunción de toda la familia*.

● ● ●

Movimiento interrumpido = Cuando el hijo ha sido separado demasiado pronto de la madre, del padre o de ambos, se dice que ha habido un *movimiento amoroso interrumpido*. Este hijo perderá la confianza en su madre, padre o ambos, por miedo de volver a sufrir esa pérdida, aunque después de la separación se ocupen amorosamente de él. Intentará no desilusionar, como fue desilusionado, y procurará excluirse como mecanismo de defensa.

Obligación Doble (También conocido como Doble vinculo, Doble atadura o Doble constreñimiento) = Situación comunicativa descrita por Gregory Bateson en la que una persona recibe mensajes diferentes y contradictorios de parte de una persona significativa, de manera que no puede ni complacerla ni quedar bien. Esto provoca en el individuo una ansiedad que raya en la locura.

Otro = Término psicoanalítico que representa la alteridad; la concepción de lo externo. Así pues *El Otro*, o *Un Otro* es cualquier persona; otro en relación al YO.

Paciente identificado = Término clínico con el que se denomina la persona a la que la familia u otro sistema (grupo) asigna la causa de un problema o del que se dice que padece una patología. Desde el punto de vista del enfoque sistémico, la actuación terapéutica no se enfocará necesariamente en él, sino en las relaciones e interacciones del sistema familiar.

Paciente informado = Consultante que ha emprendido varios procesos terapéuticos, típicamente sin terminar ninguno, por lo que conoce la terminología clínica y se la aplica. Si no usara todo ese conocimiento contra sí, sería más fácil ayudarlo. Su *Ganancia Secundaria* es la importancia que tiene (ante sí mismo) la envergadura de su sufrir.

Padre tangencial = Padre que, aunque presente en el hogar o en la vida de su hijo, está ausente psicológicamente y por lo tanto, se mantiene inaccesible emocionalmente.

Parte = Ver **Sub-personalidades**

Pasaje al acto = Movimiento de transgresión radical de una norma o de un límite que implica la mutación del que lo lleva a cabo. El goce o satisfacción solo puede alcanzarse a partir de esa enorme transgresión.

Pensamiento mágico = Forma de pensar basada en la fe religiosa, la imaginación, los deseos, las emociones, las tradiciones o incluso las supersticiones, que genera raciocinios carentes de fundamentación lógica. La expectativa es que los propios pensamientos, palabras o actos causarán o evitarán un hecho concreto de un modo que desafía la ley de causa y efecto comúnmente aceptada.

Programa = Mandato que busca resolución. Se cumple siempre hasta que se toma consciencia. Usualmente se hereda del transgeneracional pero también puede adquirirse a través de la cultura dominante. Una *Persona Programada* no es libre para tomar decisiones propias sino que estas fuerzas invisibles gobernarán su vida. Es necesario ser libre para andar el propio camino de evolución en la vida. Si un ser humano logra liberarse de las *Programaciones* tendrá una encarnación noble.

Programación neurolingüística (PNL) = Modelo de comunicación interpersonal que se ocupa de la relación entre los comportamientos exitosos, las experiencias subjetivas y en especial, de los modelos de pensamiento. Como sistema de terapia pretende educar a las personas en la autoconciencia y la comunicación efectiva, para reemplazar modelos de conducta mental y emocional ineficientes, por otros que le permitan al consultante lograr sus objetivos en la vida.

Psicogenealogía = Modalidad terapéutica propuesta por Alejandro Jodorowski según la cual eventos, traumas secretos y conflictos vividos por los ancestros condicionarán las debilidades constitucionales de un sujeto, así como sus problemas psicológicos y enfermedades, y darán cuenta de los comportamientos raros e inexplicables de este.

Pulsión = Fuerza derivada de las tensiones somáticas y psíquicas del ser humano, que carece de objetos predeterminados. Tiene diferentes fuentes y formas de manifestación como la pulsión de vida, de muerte o de sabiduría, p. ej.

Re-encuadre = Técnica de la *Terapia Cognitiva* de Aaron Beck, denominada también re-enmarcar (reframe). Hacer un re-encuadre es buscar activamente modos alternativos de ver ideas, eventos, situaciones y personas que nos alejen de la manera automática de pensar que causa perjuicio psicobiológico.

Recurso = Estado interno necesario para atravesar una situación crítica que ha causado una *Programación Negativa*. Cuando esta situación se revive en presente, el adulto (de hoy) ve qué le falta al niño (que era entonces) y (disociado) se lo entrega, por ejemplo, poder.

Una reacción fisiológica será evidencia de la aceptación del recurso. El consultante está listo para re-vivir la situación y programar un sentimiento positivo en su lugar.

Reparar = En la *Terapia Transgeneracional,* término que se refiere a una *Restitución Simbólica,* la cual procura devolver la armonía al consultante para que pueda llevar una vida plena.

Síndrome del yaciente = El diagnóstico del Síndrome de la Estatua Yaciente, denominada por el Dr. Salomón Sellam, describe un conjunto de signos clínicos, psicológicos y conductuales que presenta una persona directamente vinculada a una (o varias) defunción(es) calificada(s) de injustificable(s) por el clan familiar. En un *Proceso Inconsciente de Reparación Transgeneracional* (por un duelo imposible de gestionar) se programa un niño de sustitución quien se encargará de representar o "hacer vivir al difunto". Mientras este individuo no tome consciencia de esto, presentará una serie de síntomas (conductuales, orgánicos o psíquicos) en relación con la imposibilidad de vivir su propia vida. La frase-clave es: "Tengo la impresión de no vivir mi vida". Este síndrome ya es parte de la nomenclatura de la Psicogenealogía, la Psicosomática y la Bioneuroemoción, modalidades terapéuticas que se ocupan de disminuir sus efectos.

Somatizar = Término atribuido a Wilhelm Stekel, uno de los primeros discípulos de Sigmund Freud. Denomina un proceso inconsciente que deriva en un trastorno corporal, porque nuestros mecanismos de defensa no permiten que expresemos conscientemente lo que nos preocupa, y entonces la mente lo canaliza en forma de síntoma o enfermedad.

Sombra = Reservorio de nuestros aspectos negados o reprimidos, que toman preeminencia en momentos clave para que los veamos y los resolvamos.

Sub-personalidades = Conocidas también como **partes**, que cargan creencias y emociones extremas, producto de terribles traumas y traiciones que la persona que las expresa sufrió en su niñez.

Terapia sistémica = Enfoque psicoterapéutico que se diferencia de la *Terapia Familiar* en que la familia no es el foco de atención terapéutica, sino la dinámica de los procesos comunicacionales, las interacciones entre los miembros del sistema y los subsistemas que lo componen. Así, tanto sus conceptos como las técnicas terapéuticas pueden aplicarse a relaciones de pareja, equipos de trabajo, contextos escolares e individuos.

Transferencia = Función psíquica mediante la cual una persona, inconscientemente, transfiere y revive en vínculos nuevos, sus antiguos sentimientos, afectos, expectativas o deseos infantiles reprimidos.

Transgeneracional = La transmisión de información genética y energética de una generación a otra. De este modo, se puede dar en herencia lo mismo un rasgo que un conflicto. Este conflicto solo se transmite en una base voluntaria, de manera que un alma se auto elige para llevar un conflicto a resolución. Como se nos borra la memoria al tomar la encarnación, si fallamos en despertar la consciencia habremos de sufrir todo tipo de adversidad.

Vilificar = Del Latín *Vilis Facer*, término que se utiliza comúnmente en la nomenclatura de la *Terapia Sistémica* y significa mostrar desprecio a una persona con palabras o actos.

Epílogo

Los casos recopilados en este libro están basados en historias reales, pero tanto ciertas circunstancias así como los nombres, han sido cambiados para proteger la identidad de sus protagonistas. Cualquier parecido con la historia personal de alguien con el nombre que se identifica es pura coincidencia.

Los comentarios al pie de cada caso son un análisis subjetivo hecho por mi persona; por momentos clínicos, por momentos no. En cualquier caso, no representan en modo alguno el criterio de otros profesionales del campo de la Salud Mental, ni de la Psicología como cuerpo de conocimiento.

Los protocolos o sugerencias no pretenden constituir, ni mucho menos sustituir, un proceso terapéutico. Si sientes que necesitas ayuda psicológica o sabes de alguien que la necesita, busca la asistencia de un profesional capacitado y licenciado. Un profesional con quien puedas entablar una relación terapéutica, que devenga en avances significativos.

Si decides empezar un proceso terapéutico, no pierdas tu tiempo en sesiones que no te aporten resultados. Un psicólogo o psicoterapeuta es un agente de cambio, y la terapia psicológica no es una relación social; es un proceso evolutivo.

Bibliografía

Obedece a tu cuerpo, Lise Bourbeau

Biodescodificación: el código secreto del síntoma, Enric Corbera y Rafael Marañón

Enciclopedia Libre Universal en Español

• • •